SEVILLA
INSÓLITA Y SECRETA

Ricardo de Castro

EDITORIAL JONGLEZ

guías de viaje

Psicólogo social de formación y experto en temas ambientales, Ricardo de Castro vive en Sevilla desde hace más de 35 años. Desde siempre ha estado interesado en descubrir las historias, los lugares y los secretos de la capital del Guadalquivir, donde en cualquier rincón brota la sorpresa y lo insólito. Sus intereses se dirigen también a la literatura, el arte contemporáneo y las músicas étnicas y especialmente a descubrir con una mirada abierta el mundo que nos rodea, por lo que ha desarrollado su labor como guía de viajes en diferentes destinos de Francia, Italia, Marruecos, Túnez, Eslovenia, Turquía...

Ha sido un verdadero placer para nosotros elaborar la guía *Sevilla insólita y secreta* y esperamos que, al igual que a nosotros, le sirva de ayuda para seguir descubriendo aspectos insólitos, secretos o aún desconocidos de la ciudad. La descripción de algunos de los lugares se acompaña de unos recuadros temáticos que mencionan aspectos históricos o cuentan anécdotas, permitiendo así entender la ciudad en toda su complejidad.

Sevilla insólita y secreta señala los numerosos detalles de muchos de los lugares que frecuentamos a diario y en los que no nos solemos fijar. Son una invitación a observar con mayor atención el paisaje urbano y, de una forma más general, un medio para que descubra nuestra ciudad con la misma curiosidad y ganas con que viaja a otros lugares...

Cualquier comentario sobre la guía o información sobre lugares no mencionados en la misma serán bienvenidos. Nos permitirá completar las futuras ediciones de esta guía.

No dude en escribirnos:
Editorial Jonglez, 25 rue du Maréchal Foch
78000 Versailles, Francia
E-mail: info@editorialjonglez.com

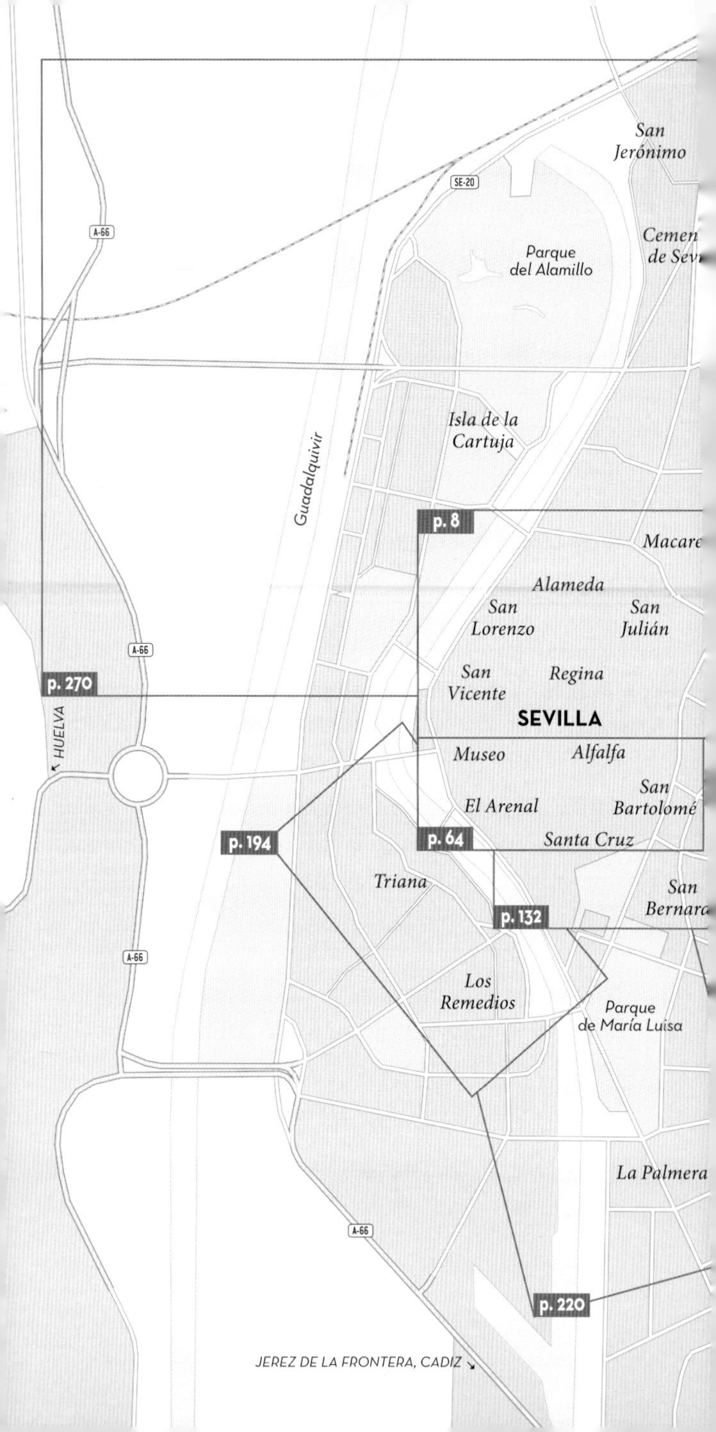
San Jerónimo
SE-20
A-66
Parque del Alamillo
Cemen
de Sev
Isla de la Cartuja
Guadalquivir
p. 8
Macare
Alameda
San Lorenzo
San Julián
A-66
San Vicente
Regina
p. 270
SEVILLA
HUELVA
Museo
Alfalfa
San Bartolomé
El Arenal
p. 194
p. 64
Santa Cruz
Triana
San Bernard
p. 132
A-66
Los Remedios
Parque de María Luisa
La Palmera
A-66
p. 220
JEREZ DE LA FRONTERA, CADIZ

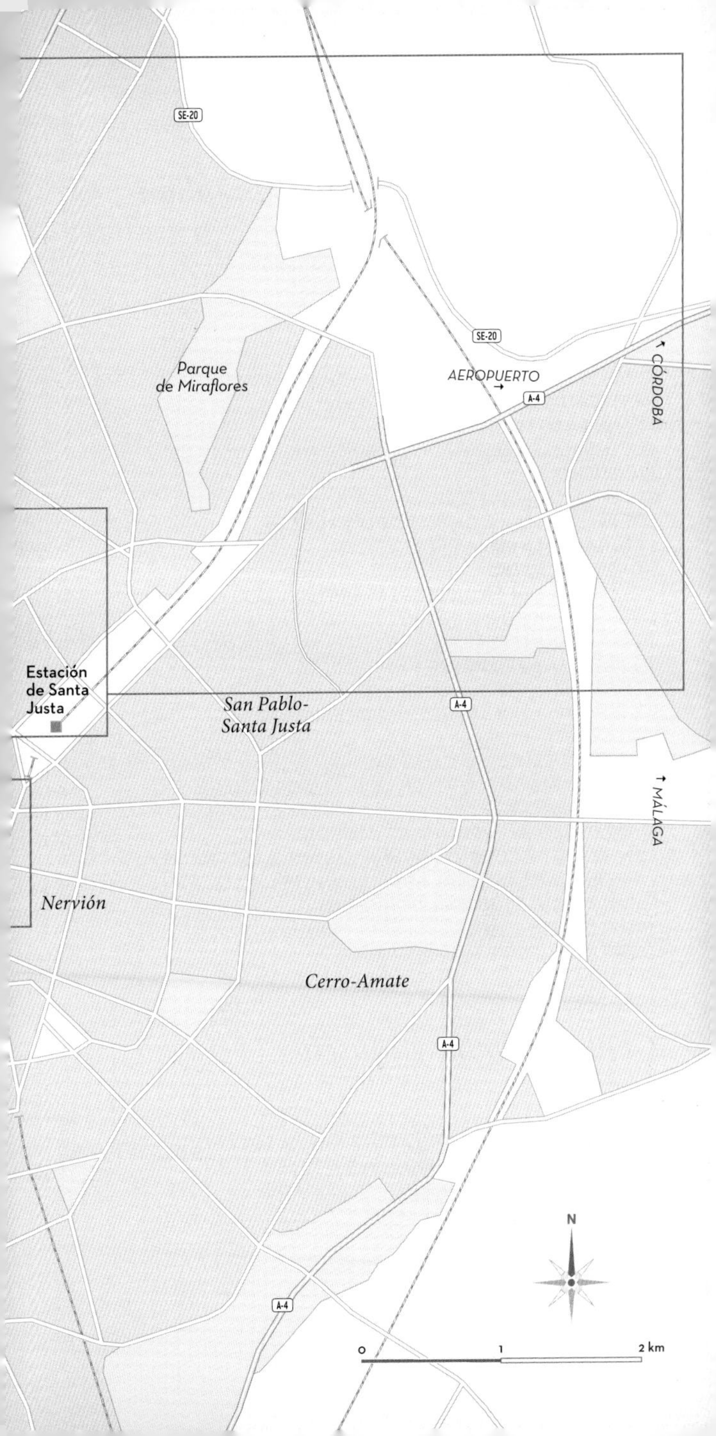
SE-20
SE-20
Parque de Miraflores
AEROPUERTO
A-4
CÓRDOBA
Estación de Santa Justa
San Pablo-Santa Justa
A-4
MÁLAGA
Nervión
Cerro-Amate
A-4
A-4
N
0
1
2 km

RESUMEN

Alameda, San Vicente y San Julián

Centro, Alfalfa y Museo

Santa Cruz, Catedral y San Bartolomé

Triana y Los Remedios

Puerta de Jerez y Avenida de la Palmera

Isla de la Cartuja y San Jerónimo

Alameda, San Vicente y San Julián

0
200
400 m
N
MACARENA
Calle Macarena
Calle Muñoz León
C. Sanchez Perrier
Calle León XIII
Avenida de la Cruz Roja
Calle Albaida
Avenida Miraflores
Carretera de Carmona
PLAZA DEL PUMAREJO
24
C. Puerta de Córdoba
Calle Macasta
Calle de San Luis
C. San Hermenegildo
Ronda de Capuchinos
Calle San Juan Bosco
C. Francisco de Ariño
SAN JULIÁN
23
PLAZA DEL PELICANO
25
PLAZA ANTONIO MARTELO
Calle Samaniego
PLAZA SANTA ISABEL
PLAZA SAN MARCOS
Calle Sol
JARDINES DEL VALLE
26
Calle María Auxiliadora
27
Calle Arroyo
PLAZA SAN ROMÁN
Calle Esperanza de la Trinidad
Calle Urquiza
PLAZA PONCE DE LEÓN
Calle José Laguillo
SANTA CATALINA
Estación de Santa Justa
28

LA CABEZA DE CABALLO DEL GARAJE LAVERÁN

①

Un emporio del transporte de principios del siglo XX

Calle Goles, 44

Sobre la puerta del garaje de un edificio localizado en la calle Goles esquina con la calle Baños se ubica un curioso busto de cabeza de caballo enmarcado en un medallón. Este insólito elemento decorativo sirve para recordar al muy famoso, en tiempos ya pasados, garaje Laverán, primero como factoría de coches de caballo, y más tarde como negocio de estacionamiento y alquiler de carruajes.

El edificio modernista fue construido por el arquitecto Aurelio Gómez Millán entre los años 1912 y 1913. Su nave central se diseñó como envoltorio de una estructura de hierro del XIX realizada al parecer por un discípulo de Eiffel.

La factoría originaria fue fundada por el francés Antonio Laveran y Mandement, natural de Toulouse, que tras finalizar sus estudios en París se desplazó a la capital andaluza para instalar una fábrica de coches de caballo, algunos de los cuales se conservan en el Museo de Carruajes (ver página xxx). Laveran fue un gran emprendedor, amigo de Picasso y Winston Churchill, que evolucionó desde la fábrica de carrocerías a ofrecer el servicio más lujoso de alquiler de carruajes de gala, cuyo precio oscilaba según el número de caballos enganchados, horas de uso y número de viajeros. En 1914 instaló el primer concesionario de la ciudad, siendo el representante del fabricante francés De Dion-Bouton, la marca mundial de automóviles más importante en ese tiempo.

Con el tiempo la cochera Laverán se dedicó a estacionamiento de vehículos de motor hasta su cierre en 2004, negocio siempre gestionado por la misma familia a lo largo de cuatro generaciones. En la actualidad es utilizado como depósito de piezas arqueológicas de la colección del Ayuntamiento de Sevilla.

LA PIEDRA LLOROSA

②

El lamento por los jóvenes fusilados

Calle San Laureano, 7

Muy cerca de donde estaba la puerta Real, al pie del antiguo convento y más tarde cuartel de San Laureano, pasa desapercibido un humilde sillar al que solo los mayores del barrio conocen por su nombre: la piedra llorosa.

Aquí, según se dice, se sentó derrumbado de impotencia García de Vinuesa, el que sería un año más tarde alcalde, al no haber podido impedir el fusilamiento de 82 jóvenes sevillanos.

Corría el año de 1857 bajo el reinado de Isabel II cuando tuvo lugar un levantamiento protagonizado por un grupo de jóvenes progresistas y liberales, comandados por el coronel retirado Joaquín Serra y por Manuel Caro.

Joaquín Serra fue un militar bregado en las guerras carlistas que, por sus convicciones demócratas y republicanas, tuvo que exiliarse varias veces de España. Al frente de este grupo emprendió el camino de Ronda esperando concitar la solidaridad de otros municipios andaluces. La revuelta tomó fuerza en los pueblos sevillanos de El Arahal y Utrera donde se levantaron campesinos contra la propiedad de la tierra y la carestía de la vida. Como respuesta, el Gobierno envió tropas militares en su persecución, que al darles alcance mataron sin resistencia a 25 de los sublevados, tomando presos a los supervivientes.

De vuelta a Sevilla estos fueron encerrados en el cuartel de San Laureano y en pocos días se decidió el fusilamiento de los 82 prisioneros, ninguno de ellos con delitos de sangre. Pese a la petición de indulto por parte del Ayuntamiento, la ejecución tuvo lugar en la plaza de Armas del campo de Marte, donde se encuentra en la actualidad la antigua estación de ferrocarril.

EN LOS ALREDEDORES

Vestigio de la puerta Real ③

Plaza Puerta Real con calle San Laureano

De la puerta Real solo queda un pequeño lienzo de la muralla almohade sobre el cual se colocó la lápida que originalmente se hallaba en su frontispicio. Este mármol conmemora la reconstrucción de la puerta en 1564 por orden de Felipe II, por la que pocos años después ingresaría a la ciudad. Por este motivo se cambió su denominación original de puerta de Goles, posible deformación del nombre de Hércules. De hecho se dice que en ese momento se quitó una escultura del héroe mítico que estaba en la parte alta. Bajo el mandato del alcalde García de Vinuesa se inició la demolición de las murallas y puertas medievales de Sevilla, desapareciendo para siempre la puerta Real en 1864.

EL MURAL DE LAS TROPAS DE CARLOS V

④

Un espectacular panel cerámico de 1906

Plaza del Museo, 6

Escondido en el zaguán de una gran casa señorial ubicada frente al Museo de Bellas Artes se encuentra un enorme retablo cerámico de principios del siglo XX que reproduce fielmente el tapiz realizado en 1554 por encargo de Carlos V, titulado *La revista de las tropas en Barcelona*.

El espectacular mural de más de tres metros de altura fue realizado en 1906 por el artista Manuel Rodríguez Pérez de Tudela con la técnica de azulejo plano pintado. Inicialmente estuvo ubicado en la casa palacio Salinas frente a la parroquia de Santa Cruz.

Del mismo lugar procede el retablo al que se enfrenta: *La rendición de Granada*, realizado un año más tarde por el mismo autor y que toma como modelo la obra de Francisco Pradilla Ortiz que se encuentra en el Palacio del Senado.

En los años 1990 fueron comprados por el coleccionista de arte Mariano Bellver que los instaló en la entrada que da paso al espectacular patio de su casa de la plaza del Museo.

En la imagen se muestra cómo el emperador Carlos V pasa revista a las tropas que parten del puerto de Barcelona en 1535 para emprender la expedición contra el temible pirata Jeireddín Barbarroja, corsario turco a las órdenes del sultán otomano Suleiman I. Barbarroja era una auténtica pesadilla para el comercio marítimo mediterráneo y la seguridad de las costas del imperio, por lo que el emperador armó una enorme fuerza española, portuguesa, italiana y germana de 300 naves y 26 000 soldados. La gran victoria que obtuvo esta armada no fue suficiente para parar los desmanes de Barbarroja.

El tapiz original de Madrid

El tapiz original de *La revista de las tropas* que sirvió de modelo para este panel es el paño II de la colección *La conquista de Túnez por el Emperador Carlos V*. Esta obra de Willem de Pannemaker, el gran autor flamenco de tapices del Renacimiento, se encuentra en el Palacio Real de Madrid y es parte de una serie de 12 tapices de los que solo se conservan 10. En la década de 1730 se realizaron réplicas de altísima calidad en seda y lana de las que hoy se pueden admirar seis en la sala de tapices de los Reales Alcázares de Sevilla.

LA CANINA

⑤

La muerte y la cruz

Iglesia de San Gregorio
Calle Alfonso XII, 14
Sábado Santo, inicia su recorrido a las 19 h y regresa a las 23 h
Visitable en la iglesia durante la semana anterior a Semana Santa

Desde la iglesia de San Gregorio, todos los sábados santos, abre la procesión de la Hermandad del Santo Entierro una extraña imagen que lleva sorprendiendo y sobrecogiendo a aquellos que la contemplan desde finales del siglo XVII.

En este paso se muestra un esqueleto pensativo apoyando la mejilla sobre su mano derecha y empuñando una guadaña en la izquierda, sentado sobre un globo terráqueo que representa el triunfo de la cruz sobre la muerte y a su lado un dragón abatido con una manzana entre sus fauces que simboliza al pecado. En el fondo, una cruz desnuda sobre la que se apoyan unas escaleras, de la que cuelgan dos sudarios, uno de ellos con el mensaje *Mors mortem superavit* (La muerte vence a la muerte). Todo un compendio de simbolismo y teatralidad barroca.

Aunque su denominación oficial es el *Triunfo de la Santa Cruz sobre la Muerte*, popularmente es conocida como *La Canina*, sinónimo usado en Sevilla para referirse a un esqueleto, proveniente seguramente de la expresión *pasar un hambre canina*, referida a estar en los huesos.

La composición escultórica se debe al artista Antonio Cardoso de Quirós que la realizó en 1691. Aunque anteriormente hay constancia de que se construía cada año un misterio efímero con elementos parecidos, en el que llegó incluso a participar el gran pintor sevillano Valdés Leal, el autor de los *Jeroglíficos* del hospital de la Caridad. En 1829, tras los destrozos sufridos durante la Invasión francesa, el misterio fue restaurado por el escultor Juan de Astorga.

Tradicionalmente en la procesión participaba el denominado cortejo alegórico formado por un amplio número de niños y niñas vestidos de ángeles, arcángeles, sibilas y profetas, que fue suprimido con cierta polémica en la segunda mitad del siglo XX.

La Canina procesionó por primera vez en la Semana Santa de 1693 causando «verdadero pavor» según un manuscrito anónimo que se conserva. No hay nada más que imaginarse esta muestra del Barroco más tétrico avanzando por las calles en penumbra de la Sevilla del siglo XVII. En la actualidad, más de tres siglos después, el paso de factura neogótica a hombros de veinticuatro hermanos costaleros sigue sobrecogiendo al devoto y al curioso. Y, por qué no, provocando la sonrisa del descreído.

EL BAMBÚ GIGANTE

⑥

Un bosque tropical

Patio de carruajes del palacio del marqués de la Motilla
Calle Cuna, 3

En el patio de Carruajes del palacio del marqués de la Motilla, ubicado en las esquinas de las calles Cuna y Laraña, un grupo de enormes cañas de bambú se asoma por sus muros recreando un bosque tropical en pleno centro urbano sevillano. Conocido como 'gigante' o 'dragón', este bambú fue traído a Sevilla tras el viaje que realizaron alrededor del mundo el marqués de la Motilla, Miguel Desmaissieres y su hermano Rafael. Ambos eran hombres eruditos y con gran capacidad de observación, y de su recorrido se conocen sus diarios, donde anotaron todo lo que vieron y compraron, especialmente en Japón. Una travesía que duró casi dos años, desde enero de 1886 a septiembre de 1887. Por lo que esta increíble planta lleva en la ciudad bastante más de un siglo.

De nombre científico *Dendrocalamus giganteus*, procede de las regiones tropicales de Myanmar (Birmania), Bután, China y Tailandia y es considerado el bambú más alto del mundo, pudiendo sus cañas alcanzar los 35 metros de altura y hasta 30 cm de diámetro. Constituye un material excelente para la construcción y se usa para hacer todo tipo de muebles y utensilios, incluso mástiles de barco. El hábitat natural de esta especie son las tierras altas tropicales de hasta 1200 metros de altitud, por lo que necesita una humedad alta que en el palacio se resuelve con microdifusores que riegan por goteo las cañas.

Palacio del marqués de la Motilla

Debido al ensanche del centro de Sevilla acometido a principios del XX, el marqués de la Motilla encargó la modificación de su palacio y la construcción de nuevas fachadas al arquitecto italiano Gino Coppedè, autor del diseño y a Vicente Traver, en la dirección técnica. Este último era un destacado arquitecto regionalista y autor también del proyecto del Teatro Lope de Vega y del Casino de la Exposición. La obra que se alargó durante una década, entre 1921 y 1931, muestra una clara inspiración en la arquitectura medieval italiana recordando al Palazzo Vecchio de Florencia. Lo más destacable es su gran torre de base rectangular con veinticinco metros de altura y arcos neogóticos en las ventanas, que se erige vigilante sobre el patio jardín, ubicado en la esquina, donde asoma el bambú gigante.

PANTEÓN DE SEVILLANOS ILUSTRES ⑦

Uno de los lugares más secretos de Sevilla

Facultad de Bellas Artes
Calle Laraña, 3
Visita gratuita: viernes de 16:30 a 19:30 h
No es necesario concertar cita previa
Guiada por escolares del Colegio Buen Pastor

Bajo la iglesia de la Anunciación se esconde uno de los lugares más secretos de Sevilla: el Panteón de Sevillanos Ilustres.

A esta cripta se ingresa por el patio de la Facultad de Bellas Artes, desde donde se desciende por una escalera en mármol que llega al muro norte del brazo de la epístola. En el descenso se deja a un lado el antiguo acceso desde la iglesia, obra renacentista del arquitecto del campanario de la Giralda Hernán Ruiz II, puerta que se encuentra cerrada desde las reformas del siglo XX.

La cripta se aparece silenciosa y envuelta por el brillo metálico del mármol gris de las paredes. Tiene la misma disposición que la iglesia superpuesta: una planta de cruz latina, orientada su base al norte, con una nave central sin ábside y dos naves pequeñas a cada lado, ambas cubiertas por una bóveda.

El panteón guarda la memoria de importantes personalidades sevillanas de todas las épocas históricas, ya sean de nacimiento o de adopción. Entre ellas pueden destacarse el importante humanista del siglo XVI Benito Arias Montano, que fue capellán de Felipe II y vivió como ermitaño en la Peña de Alájar (Huelva). También se encuentran personajes tan dispares como el escritor, historiador y arqueólogo José Gestoso o la escritora Cecilia Böhl de Faber (Fernán Caballero).

Pero si hay un sepulcro que es el centro de atención de los visitantes es el del escritor romántico Gustavo Adolfo Bécquer (ver página 246), que descansa aquí desde 1913 junto a su hermano Valeriano. En el monumento, realizado por Eduardo Muñoz, se alza la figura de un ángel que porta el libro de las *Rimas* en su mano izquierda, apoyados los pies en un pedestal adornado por volutas, donde los visitantes dejan papelitos con peticiones: aprobar una asignatura, encontrar el amor o incluso con alguna de sus rimas preferidas.

Construida en 1579, la iglesia de la Anunciación fue parte de la antigua Casa Profesa de la Compañía de Jesús, hasta que tras la expulsión de los jesuitas por decreto del rey Carlos III se convierte en 1771 en sede universitaria. De hecho en el patio principal de la facultad se conservan las columnas de mármol originales del claustro de la Casa.

Durante el siglo XIX, tanto en la antigua iglesia como en la cripta, se depositan diversas tumbas y panteones, muchos procedentes de conventos que habían sufrido la ocupación francesa y no es hasta el año 1972 que se realiza una profunda restauración del espacio.

LA MOMIA DE MARÍA CORONEL (8)

El rey y la monja

Convento de Santa Inés
Doña María Coronel, 5
Tel.: 954 22 31 45
Visitas sepulcro: solo el 2 de diciembre
Obrador de dulces conventuales: de 9 a 13 h y de 16 a 18 h

Cada 2 de diciembre, y solamente ese día, los sevillanos devotos de doña María Coronel se dirigen al convento de Santa Inés, donde su cuerpo momificado se expone en el coro bajo de la iglesia, tras una urna de cristal. Este es uno de los principales mitos sevillanos que navega entre lo religioso y lo laico, la historia y la leyenda.

María era la hija mayor de Alfonso Fernández Coronel, importante noble castellano que fue alguacil mayor de la ciudad de Sevilla. Nacida en la primera mitad del siglo XIV, se casó siendo muy joven con Juan de la Cerda, nieto de Guzmán el Bueno y descendiente directo de Fernando III.

Tanto su padre como su esposo optaron por el bando de Enrique Trastámara, hermanastro y enemigo mortal del rey Pedro I de Castilla. Capturado su padre en el castillo de Aguilar de la Frontera (Córdoba) en 1353, fue condenado por traición a ser decapitado y quemado su cadáver ante sus cuatro hijos, entre ellos María Coronel. Cuatro años más tarde, en 1357, su esposo también es apresado, ajusticiado y todos sus bienes confiscados. Desamparada, decide ingresar en el convento de Santa Clara donde se encontraba ya refugiada su hermana pequeña, Aldonza.

Es en este momento cuando la leyenda entra en escena. Según el mito sevillano, el rey don Pedro, que estaba prendado de la joven viuda, se presentó en el convento solicitando sus favores. Para evitar el acoso del monarca, la joven se arrojó aceite hirviendo sobre el rostro y las manos en la cocina del monasterio. En el retrato ubicado encima de la reja, el pintor Valeriano Bécquer reflejó esas quemaduras, que más de uno cree ver todavía en la momia.

Volviendo a la historia, no fue hasta la muerte de Pedro I cuando María pudo recuperar los bienes de su padre, fundando en 1374 el convento de Santa Inés en el palacio familiar. En este convento permaneció hasta su muerte, la cual se cree que tuvo lugar el 2 de diciembre de 1411, a los 77 años de edad. Sus restos reposaron en un sepulcro bajo, junto a su marido y una hija, hasta que con motivo de un traslado a finales del XVII, las monjas descubrieron con asombro que solo su cuerpo estaba incorrupto.

En la iglesia se encuentra uno de los órganos más antiguos de Sevilla que inspiró a Gustavo Adolfo Bécquer la leyenda *Maese Pérez el organista.*

EL CUERPO EMBALSAMADO DE SANTA ÁNGELA DE LA CRUZ ⑨

Plegarias a una santa de cuerpo presente

Convento de Santa Ángela de la Cruz
Calle Santa Ángela de la Cruz, 4
Todos los días, de 10 a 13 h y de 16 a 18:30 h

Si la religiosidad popular es una de las características de Sevilla, la veneración a santa Ángela de la Cruz en su convento destaca por ser auténtica y genuina. En pocos lugares es posible encontrarse todos los días, así de cerca, frente al cuerpo embalsamado de una santa a la que se puede realizar alguna petición por escrito.

Al ingresar por la puerta principal del convento la hermana portera recibe al visitante que, siguiendo a la derecha por un pasillo, puede acceder a la pequeña y modesta capilla.

Frente al altar reposa, depositado en una urna de vidrio, el cuerpo de la santa embalsamado y conservado con una pátina de cera en manos y rostro. Una urna sobre una mesita sirve para que los fieles depositen una nota con su petición a la que era conocida popularmente como la madre Angelita: encontrar trabajo, hallar marido o mujer, pedir la curación de un familiar enfermo...

Una imagen de la Virgen de la Salud, que procede de la iglesia de santa Lucía en la que fue bautizada, preside el altar barroco.

Acompaña a la santa en el lateral de la capilla el cuerpo de sor María Purísima, su sucesora durante más de 50 años, a su vez santificada por el papa Francisco en 2015.

Fundadora en 1875 de la congregación religiosa Hermanas de la Compañía de la Cruz en Sevilla, una entidad de gran labor social, Ángela Guerrero (1846-1933) fue una religiosa muy querida en toda Andalucía, por su dedicación sobre todo a los pobres y los enfermos. Cuando falleció el 2 de marzo de 1932, fue homenajeada por personas de todos los ámbitos y creencias. Dos días después, el mismo Ayuntamiento republicano decidió por unanimidad rotular con su nombre la calle entonces llamada Alcázares donde se halla la casa madre de la congregación.

Un convento abierto cada 2 de marzo

Los patios interiores solo son visitables en el aniversario de la muerte de santa Ángela, cada 2 de marzo, y durante la semana de Pascua cuando las hermanas adornan el patio para celebrar la Resurrección de Cristo. También esos días puede conocerse la habitación donde vivió, donde se conservan sus recuerdos.
En la actualidad, la casa alberga una residencia de ancianas y un internado de niñas, gestionados ambos por las hermanas de la Cruz.

LA VENERA

⑩

El inicio de la numeración de las calles de Sevilla

Calle José Gestoso, 1

Enclavada sobre el muro de una casa al inicio de la calle José Gestoso, una gran concha en piedra pasa desapercibida para los viandantes de esta calle comercial sevillana a espaldas de la plaza de la Encarnación.

Esta calle fue denominada 'de la Venera' al menos desde el siglo XIV, ya que se encuentran citas desde el año 1384. Lo insólito de esta gran concha es que por acuerdo del cabildo desde el año 1845, y aún hoy en la actualidad, marca el inicio de la numeración de las calles de la Sevilla intramuros, disponiendo el número uno de cada calle al edificio más cercano a la concha.

Aparte de esta referencia, se desconoce si la venera tenía otra función, si era un simple elemento decorativo o si identificaba algún uso concreto de la casa o de la calle. Vía de uso comercial a través de los siglos, posiblemente desde antes de la conquista de Sevilla por Fernando III de Castilla en el siglo XIII, la calle perdió su nombre original en 1918, para tomar el de José Gestoso, historiador, arqueólogo y escritor sevillano, que había fallecido unos meses antes, en septiembre de 1917 y que precisamente había nacido en el número 5 de esa calle. Gestoso fue un incansable defensor del patrimonio histórico de la ciudad, llegando a participar en las restauraciones de la Giralda, la torre del Oro y el Alcázar. Seguramente el propio Gestoso hubiera estado en desacuerdo con el cambio de denominación de una calle tan simbólica en la ciudad que, durante siglos, llevó el mismo nombre: venera.

Venus, viernes y el Camino de Santiago

La venera es la concha de un molusco bivalvo denominado 'vieira', cuyo nombre científico es *Pecten jacobeus*. La venera de la calle José Gestoso muestra su valva más ancha por su parte cóncava y solo posee diez surcos, frente a los catorce surcos que tiene la original.
Su nombre científico hace referencia a su uso como prueba de los peregrinos que realizaban el Camino de Santiago. Por eso también se le denomina 'concha peregrina'.
Mucho antes del inicio de este camino, la venera estaba asociada a Venus, la diosa romana del amor, y de ahí precisamente su nombre, y el de viernes, el día en que se veneraba a la diosa. También la venera tuvo un uso extendido entre los hispanovisigodos y los musulmanes, con un importante significado místico.

EN LOS ALREDEDORES

El azulejo del pavo real (11)

Calle José Gestoso, 3

El gran azulejo de la casa número 3 con la leyenda «El pavo real» se encontraba originariamente en la fachada de una antigua fonda del mismo nombre, desaparecida en los años 70.

LOS RELIEVES DE LA CAPILLA DE LOS LUISES ⑫

Imágenes fantásticas que simbolizan la degradación del hombre a través del pecado

Capilla de los Luises
Calle Trajano, 35

Lo más sorprendente e insólito de la capilla de los Luises, el edificio de estilo neogótico italiano construido por el arquitecto sevillano Aníbal González entre los años 1916 y 1920, se encuentra en su exterior, en el enrevesado programa iconográfico de tallas de ladrillo rojo que se despliega a la altura de los ojos del despistado viandante.

A la izquierda de la puerta principal de la capilla se inicia una cenefa de formas vegetales donde se insertan imágenes religiosas y fantásticas,

relieves que incluyen un lagarto desgastado y decapitado por las caricias supersticiosas de los paseantes, un ogro con espada mirando desafiante al frente, un terrible dragón, un perro amenazante con las fauces abiertas, un hombre barbudo golpeando con un palo una calavera... Imágenes bestiales y monstruosas que encarnan el Mal y las múltiples formas de degradación del hombre a través del pecado, recordando en cierta forma la iconografía de la escultura románica.

En la parte central otras figuras ornamentales reflejan símbolos de la Pasión de Cristo: un gallo con el pecho henchido, emblema de Pedro que negó a Jesús tres veces, Cristo cargando la cruz, tres ángeles, el paño de la Verónica y las herramientas de la Crucifixión (un martillo y tres clavos, la lanza y la esponja, las escaleras...).

Los símbolos de los cuatro evangelistas

A la izquierda de la portada se encuentran tres ventanas enmarcadas por cuatro pilastras. Cada una está dedicada a un evangelista, con su símbolo en el pie y una pequeña estatua en la parte superior. La representación del *tetramorfo* se inicia desde la izquierda con la figura de un ángel, seguido de un toro, un águila y un león. Como es sabido las delicadas tallas en ladrillo hacen referencia a los cuatro evangelistas: Lucas, Mateo, Juan y Marcos (en este orden).

Según se recoge en el Antiguo Testamento el profeta Ezequiel, posiblemente influido por la astrología babilónica y la simbología del antiguo Egipto, describe en una de sus visiones cuatro criaturas que de frente tenían rostro humano y de espaldas rostro animal. A finales del siglo IV fue san Jerónimo quien asoció las cuatro figuras con los evangelistas, perpetuándose esta tradición en la escultura y en la pintura del arte medieval.

En la carta del tarot *El Mundo* también se encuentran los cuatro símbolos de los evangelistas. Arriba los dos celestes, el *águila* que refleja la fuerza del intelecto y la palabra y el *ángel*, donde están los sentimientos y el amor. Y abajo, en la tierra, el *león*, que muestra la creatividad o la actividad sexual y el *buey* que nos lleva a lo material.

LA SEÑAL DE LA RIADA DEL 61 ⑬

Un recuerdo de las inundaciones históricas del Guadalquivir

Calle Santa Ana esquina con Alameda de Hércules

En la esquina de la Alameda con la calle Santa Ana, dos azulejos conmemorativos guardan la memoria de sendas riadas. En el primero se señala la considerable altura, casi 3 metros, donde llegaron las aguas a las doce de la noche del miércoles 28 de diciembre de 1796. El segundo marca la inundación del año 1961.

Cuando los árabes llamaron *al-wādi al-kabīr* al río de Sevilla sabían de qué hablaban. El *río grande* le ha dado todo a la ciudad, su principal fuente de comunicación, soporte de actividades económicas y base de las ricas vegas agrícolas, pero también ha sido fuente de graves problemas como las inundaciones que periódicamente la asolaban. Estas terribles riadas se debían al irregular caudal del Guadalquivir y sus afluentes, los arroyos del Tagarete y el Tamarguillo y el río Guadaíra, que combinaba fuertes sequías con grandes lluvias.

Uno de los lugares más afectados por este fenómeno era la Alameda de Hércules. No en vano aquí existía una laguna en la antigüedad, resto del meandro del cauce original del río.

El desbordamiento del arroyo del Tamarguillo, el 25 de noviembre de 1961, fue la última inundación sufrida por la ciudad y la mayor de su historia reciente. Cerca de tres cuartas partes de su territorio se anegó con más de 4 millones de metros cúbicos de agua, destrozando todo a su paso y afectando a una cuarta parte de su población, de algo menos de medio millón de habitantes en ese momento: más de 30 000 personas perdieron su hogar.

En la zona norte de la ciudad, alrededor de la Alameda, se concentraban las viviendas colectivas en alquiler para las clases populares, los corrales de vecinos. El corazón de la Sevilla obrera estuvo tres días bajo las aguas, que llegaron a una altura de 1,80 metros, convirtiéndose en un inesperado mar surcado por barcas. Muchas de las miles de familias que quedaron aisladas y sin recursos se refugiaron en azoteas y techos en espera de ayuda. Sevilla fue declarada zona catastrófica y se organizó una caravana solidaria desde Madrid, la Operación Clavel, que acabaría en tragedia por el accidente de la avioneta que la acompañaba, en el que murieron 20 personas y hubo decenas de heridos graves.

La riada le dio la puntilla a los corrales de vecinos de la Alameda, que ya estaban en condiciones pésimas, lo que motivó el desalojo de muchos vecinos del centro histórico a los polígonos de viviendas sociales del extrarradio, acelerando el cambio de la fisonomía urbana de esta zona.

HOMBRE DE PIEDRA

⑭

El torso de mármol que dio nombre a una calle

Calle Hombre de Piedra, 10

En el barrio de San Lorenzo, en la parte posterior a la Casa de las Sirenas, se despliega una estrecha calle con este extraño nombre: Hombre de Piedra. Al principio de la misma, en la acera derecha y a ras del suelo, se observa en una hornacina una estatua de mármol de una figura humana bastante desfigurada, que sería el origen de la denominación de la calle desde el siglo XVIII y posiblemente desde antes.

Sobre el origen de este torso romano, en el que se adivina una toga anudando el cuerpo, se han dado diversas versiones. Con la que más acuerdo existe aboga porque esta estatua pertenecía a unas termas situadas por esta zona, que se continuaron usando durante la época musulmana con el nombre de Baños de la Estatua.

También se ha defendido que pudiera proceder de alguna villa romana de recreo.

Lo cierto es que a lo largo de los siglos este torso de mármol ha acabado seguramente como botarruedas, es decir como protección de la pared de la casa ante las ruedas de los carruajes, como tantas otras columnas, ruedas de molinos... que se encuentran en los muros de la ciudad.

Una antigua leyenda da una versión alternativa, y cuando menos terrible. Según cuenta, un hombre llamado Matías el Rubio se negó a arrodillarse ante el paso de una comitiva que llevaba los santos sacramentos a una extremaunción. Lo cierto es que una antigua ley obligaba *a postrarse so pena de multa y pérdida de la cabalgadura, y si fuese moro de más de 14 años a perder sus vestiduras*, como puede leerse en la lápida que se instaló en la iglesia del Salvador en 1714. En este caso nuestro hombre no solo perdió la ropa, sino que un rayo bajó del cielo y lo petrificó por blasfemo, convirtiéndole para siempre en un «hombre de piedra».

EN LOS ALREDEDORES

La última sede de la Inquisición

En la manzana que comienza a la izquierda, en la calle Jesús del Gran Poder, se encontraba el colegio jesuita conocido como de las Becas Coloradas. En 1785 se convirtió en la última sede de la Inquisición ya que una enorme riada obligó a desalojar de forma permanente el castillo de San Jorge en Triana (ver página 206). En 1810 al ser abolido el Santo Oficio durante la ocupación francesa, los inquisidores huyeron a Ceuta, de donde volvieron a esta sede una vez restaurada la Inquisición por Fernando VII, hasta su liquidación en 1820.

LAS ESFINGES DE LA CASA DE LAS SIRENAS

15

El enigma del Recreo de la Alameda

Centro Cívico Las Sirenas
Alameda de Hércules, 30
Lunes a sábado, de 9 a 21 h
Entrada libre

El palacete residencial ubicado en el número 30 de la Alameda de Hércules sorprende desde mediados del siglo XIX en el entorno de este barrio popular por su porte señorial y estilo afrancesado. Desde las jambas de su portada, dos esfinges de bronce, fundidas al parecer en París, reciben al visitante. El desconocimiento sobre el origen y la función de estos seres mitológicos motivó que fueran confundidas con sirenas, por lo que desde su inicio el edificio fue bautizado popularmente como Casa de las Sirenas.

Otras dos esfinges de mayor tamaño, hoy desaparecidas, adornaban el inicio de la doble rampa por la que accedían los carruajes. Estas, según se dice, pudieron acabar en la residencia de un anticuario.

Las esfinges de esta casa se representan como en la mitología griega, con rostro de mujer, cuerpo de león y alas de ave. En la mitología, la esfinge aprendió de las musas el arte de formular enigmas y estrangulaba a los que no fueran capaces de resolverlos. En el Egipto antiguo se ubicaba en la entrada de los templos para simbolizar la protección del secreto a los no iniciados.

La arquitectura masónica utilizó a menudo esta imagen de la esfinge, lo que podría ser una explicación del uso de las figuras en el edificio.

Una reja idéntica a la de los jardines de Kensington en Londres

El inmueble destaca entre el irregular caserío del barrio por su estilo clasicista, con cuatro fachadas iguales rodeadas por un jardín limitado por una vistosa reja, que curiosamente es idéntica a la que puede encontrarse en los jardines de Kensington en Londres.

La construcción de este edificio (1864), denominado Recreo de la Alameda, estuvo a cargo de Joaquín Fernández Ayarragaray, arquitecto guipuzcoano que ocupaba una cátedra en la escuela de Bellas Artes de Sevilla. Al parecer fue un encargo de Lázaro Fernández de Angulo, al que se nombra a menudo y de forma errónea como marqués de Esquivel, con la intención de construir una residencia al estilo de las clases altas madrileñas. En Sevilla en esa época se vivía el fuerte influjo de la «corte chica» de los duques de Montpensier, y con ello la influencia de las modas urbanísticas que venían de París.

El propietario original solo vivió seis años en la casa, pasando esta por varios dueños hasta que acabó sumida en el abandono en 1971, habitada por gatos y presuntos espectros. Algunos años después, en 1992, fue comprada por el Ayuntamiento para su restauración y uso posterior como centro cívico.

LA ESTATUA DE FERNANDO VII ⑯

La escultura viajera

Espacio Santa Clara
Calle Becas, s/n
www.espaciosantaclara.org
Lunes a domingo, de 10 a 20 h
Entrada libre

En un rincón del jardín del antiguo convento de Santa Clara, frente a la torre de don Fadrique, se esconde literalmente una estatua de Fernando VII de Borbón, uno de los reyes más denostados de la historia de España.

Esta gran escultura de bronce lo representa con uniforme militar, capa de armiño y corona de laurel, pero sin las manos y ni la espada que perdió en el último de sus viajes.

Tras la invasión de las tropas francesas en 1808, Fernando VII y su padre Carlos IV fueron obligados por Napoleón a abdicar en su favor, con el objetivo último de conseguir la designación de su hermano José. Este sería el detonante de la guerra de la Independencia. Cuando esta finalizó en 1814, el rey regresó convertido en un monarca absolutista, anulando la constitución de las Cortes de Cádiz, que ya había jurado, y volviendo a activar la Inquisición.

Uno de sus más fieles seguidores era un personaje siniestro y estrambótico llamado Carlos D'Espagnac (Carlos de España), que aunque tenía origen francés había luchado en el bando español. Nombrado por el rey Grande de España y Capitán General de Cataluña, durante los cincos años que estuvo en el cargo fue responsable de todo tipo de desmanes, masacrando a todo sospechoso de liberal. Fue en esta época cuando De España encargó este bronce al escultor francés Pierre Joseph Chardigny para su su erección en 1831 en la plaza del Palau de Barcelona.

Pero allí estaría por poco tiempo, ya que en 1840 se la llevó a su exilio francés María Cristina, la viuda (y sobrina) del rey, para adornar los jardines del palacio de Malmaison en París. En este lugar permaneció hasta que su hija la infanta María Luisa Fernanda y su marido Antonio de Orleans, hijo del rey de Francia, huyeron tras la proclamación de la II República Francesa. Su nueva residencia sería el palacio de San Telmo de Sevilla (ver página 236), a donde, poco después, Napoleón III despachó la estatua.

Tras quedar viuda, la hija de Fernando VII donó parte de los jardines del palacio a la Ciudad de Sevilla donde se construiría más tarde el parque de María Luisa. En varios rincones de este espacio verde estuvo rotando la estatua, hasta que con la declaración de la República en 1931 se traslada al lugar donde se encuentra en la actualidad, con otras piezas que componían el Museo Arqueológico de Sevilla.

En el camino perdió la espada y las manos que al parecer terminaron vendidas en el mercadillo del Jueves de la calle Feria.

TORRE DE DON FADRIQUE

⑰

Las leyendas de la torre encantada

Convento de Santa Clara
Calle Becas, s/n
www.espaciosantaclara.org
Todos los días, de 10 a 20 h
Entrada libre

Por una puerta que pasa desapercibida en el lado derecho del patio del antiguo convento de Santa Clara se accede a los jardines donde se esconde, altiva y solitaria, una torre medieval de 30 metros de altura, un espacio desconocido aún para muchos.

Sobre esta *torre encantada*, como se le denominó popularmente en tiempos, se han hecho toda clase de conjeturas. Lo que sí está claro es su autoría. Encima de la puerta de este ejemplo único de arquitectura civil gótica puede leerse la inscripción latina que señala que la mandó construir en 1252 el infante don Fadrique, segundo hijo de Fernando III, rey de Castilla, y de su primera esposa, la reina Beatriz de Suabia.

Con solo 15 años, el infante fue enviado a Alemania, a la corte de Federico II, emperador del Sacro Imperio Romano Germánico, con la intención de reclamar la herencia de su madre, muerta cinco años antes. Más tarde, Fadrique fue llamado en 1245 por su padre junto a sus hermanos para el asedio de Jaén. Posteriormente, participaría en la conquista de Sevilla por lo que recibió diversas propiedades en el posterior repartimiento de la ciudad.

Así, se le entregó un complejo de edificios almohades en el actual barrio de San Lorenzo donde mandó construir esta torre y donde un siglo más tarde se edificaría el monasterio de franciscanas clarisas. Realmente Fadrique disfrutó muy poco tiempo de su residencia ya que en 1260 tuvo que exiliarse, acusado de traición por su hermano mayor, el rey Alfonso X, que pocos años más tarde lo mandó matar por el método del ahogamiento en agua.

Entre las muchas leyendas que rodean la torre destaca la que se refiere a los supuestos amoríos que alojó entre Fadrique y su madrastra francesa, la reina Juana de Ponthieu, la hermosa y joven viuda de su padre, Fernando III. Esta relación habría escandalizado a la corte y al pueblo por lo que la reina Juana fue obligada a partir a Francia y Alfonso X mandó matar a su hermano. Como puede concluirse fácilmente la leyenda no tiene base alguna ya que la reina Juana regresó a Francia en 1252, el mismo año en que murió su marido y el mismo en que se comienza la construcción de la torre.

En este recoleto jardín histórico estuvo entre 1925 y 1946 el museo arqueológico municipal. Algunas de las piezas arqueológicas que poseía siguen aún situadas a la sombra de un grandioso ejemplar de laurel, probablemente el más antiguo de Sevilla, y una gigantesca costilla de Adán (*Monstera deliciosa*).

TORRE DE LOS PERDIGONES

(18)

El último vestigio de la fundición San Francisco de Paula

Calle Resolana, 42
Martes a domingo, de 12 a 17 h

Con sus 45 metros, la torre de los perdigones se yergue altiva sobre los barrios populares del norte de la ciudad. Construida en ladrillo, la torre de planta cuadrada es el único vestigio de la desaparecida fábrica San Francisco de Paula, conocida popularmente como la *fábrica de perdigones*. Esta era una de las muchas fundiciones que existían en la ciudad, que desde 1890 se dedicaba a la manufactura de planchas y barras de plomo, tubos para conducciones de agua, piezas para hornos, bañeras de zinc, etc.

En el antiguo arrabal extramuros de la Macarena y en la zona norte del casco antiguo, principalmente en los barrios de San Gil y de San Julián, se produjo a finales del siglo XIX y hasta los años 50 del siglo XX un importante proceso industrializador gracias a la cercanía de comunicaciones terrestres y ferroviarias, al espacio disponible y a la disponibilidad de población trabajadora.

El nombre de la torre se debe a la producción más significativa de la fábrica, los perdigones, unas pequeñas esferas de plomo, proyectiles con los que se fabricaban cartuchos que se usaban como munición en una actividad tan extendida como la caza. Un cartucho normal podía llevar entre 200 y 300 perdigones.

El método de fabricación que se seguía lo patentó el galés Charles Watts en 1782. Una vez subidas las placas de plomo mediante un sistema de poleas a la parte superior de la torre se fundían en una caldera. El material ya derretido se vertía en unas cribas con agujeros de distintos tamaños, que daban los diferentes calibres de los balines. Las gotas de plomo se lanzaban en caída libre en su interior adoptando su perfecta forma esférica gracias a la altura de la torre. Al caer en un depósito de agua se enfriaban y solidificaban, para rodar después por una rampa al exterior.

Existe otra torre de los perdigones en el centro de Bruselas. Ver, de la misma editorial, la guía *Bruselas insólita y secreta*.

Cámara oscura

En la parte superior de la torre se inauguró en 2007 una cámara oscura. Es una de las pocas existentes en Europa, siendo la más antigua la de Edimburgo en Escocia, que data de 1835. Gracias a este instrumento óptico, que incorpora un juego de lentes de aumento y espejos reflectores, se consigue proyectar en un cuarto oscuro y cerrado la imagen en movimiento de la ciudad sobre una pantalla blanca. Una visión diferente que sorprende al visitante con una fotografía viva del barrio de la Macarena y sus murallas, la Alameda de Hércules o la isla de la Cartuja.

CENTRAL ELÉCTRICA MODERNISTA

(19)

Faroleros y eléctricos

Calle Feria, 154

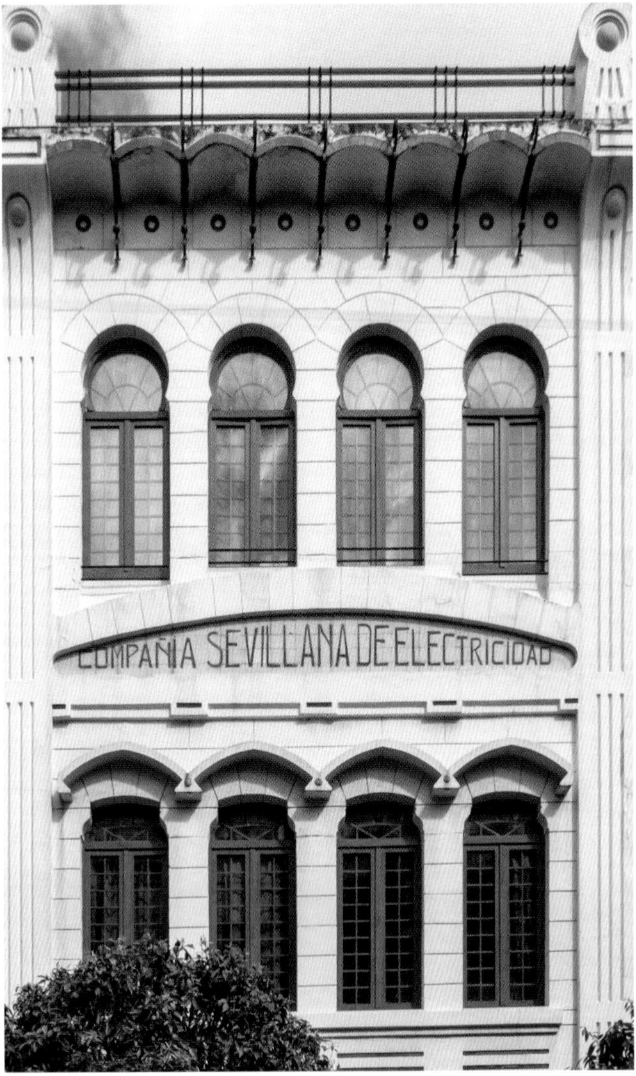

Aunque parece que tenga un uso residencial, el edificio del número 154 de la calle Feria, uno de los escasos ejemplos de estilo modernista de la ciudad, es una instalación industrial.

El gran arquitecto sevillano Aníbal González diseñó en 1905 esta sub-central eléctrica dedicada a la acumulación y suministro de energía por encargo de la Compañía Sevillana de Electricidad. En su fachada se refleja el interés por la decoración y el uso de formas orgánicas propias del modernismo, destacando el rótulo insertado en azulejos, la rejería del balcón principal, las molduras de los arcos y la barandilla ornamental superior.

Esta corriente artística se expande a caballo entre los siglos XIX y XX desde el corazón de Europa, llegando a España y siendo acogida tímidamente en Sevilla: es un lenguaje demasiado innovador para una ciudad tan apegada a las tradiciones. De hecho este es uno de los pocos edificios de esta escuela que desarrolla el joven arquitecto, solo tres años después de finalizar su formación. Un año antes, en 1904, había diseñado la enorme fábrica de electricidad para la misma empresa en la avenida de la Borbolla, patrimonio industrial tristemente desaparecido.

En los albores del siglo XX se vivió una guerra por el control del mercado energético local. Por un lado la Sociedad Catalana para el Alumbrado por Gas, conocida como la Catalana, que desde 1866 controlaba el alumbrado público y su rival, la Compañía Sevillana de Electricidad que fundada en 1894 suministraba luz por electricidad, una tecnología más limpia, moderna y eficiente. La lucha entre los dos entes a menudo superaba el ámbito empresarial produciéndose frecuentes peleas entre faroleros y eléctricos, llegando en una de ellas a morir un farolero.

En el marco de esta pugna se insertan los encargos para el diseño y construcción de centrales y fábricas de electricidad a los arquitectos sevillanos más relevantes del momento. Así en 1912 la renombrada como Compañía Catalana de Gas y Electricidad encargó a Aníbal González su edificio más emblemático, la fábrica de gas y electricidad ubicada en el barrio del Porvenir, en la actualidad reutilizado como centro deportivo.

EN LOS ALREDEDORES

Subcentrales de estilo neomudéjar

San Luis, 118
González Cuadrado, 47

En diversas localizaciones del centro histórico es posible hallar una serie de pequeños edificios de estilo neomudéjar, con arcos de herradura en los ventanales cubiertos con vidrios de colores traslúcidos. Son las subcentrales eléctricas que el arquitecto Antonio Arévalo construyó desde 1911 para la Catalana de Gas, de las que dos se localizan en este mismo barrio.

LA VENTANA MUDÉJAR DE OMNIUM SANCTORUM

20

Una delicada obra de artesanía del siglo XIV

Calle Feria, 98
Lunes a viernes, de 10 a 13 h y de 19:30 a 21 h

En la fachada principal de la iglesia de Omnium Sanctorum, sobre la portada que da a la calle Feria, pasa desapercibida una hermosa ventana ojival. Esta delicada obra fue realizada por maestros alarifes mudéjares en ladrillo rojizo y con azulejos cortados, según la técnica de alicatado, en pequeñas piezas de color blanco, negro, turquesa y melado (amarillo miel) que componen mosaicos de formas estrelladas.

El vano está datado hacia la mitad del siglo XIV, en tiempos del rey Pedro I, como parte de la reconstrucción del templo preexistente, muy dañado por el terremoto de 1356. Esa iglesia dedicada a todos los santos (*Omnium Sanctorum*) al parecer habría reutilizado los restos de una mezquita almohade previa.

El terrible seísmo de intensidad VIII que se produjo el 24 de agosto de 1356 tuvo su epicentro en el Cabo de San Vicente (Portugal) y provocó multitud de daños en muchos edificios sevillanos de origen musulmán, el más destacado la caída del yamur de la mezquita mayor, las cuatro enormes bolas de bronce que coronaban la torre alminar (la actual Giralda).

Las doce cabezas

En la fachada principal, en la calle Feria, son muy curiosos los relieves con 12 cabezas humanas (¿los 12 apóstoles?) en la magnífica portada de arco apuntado labrada en piedra con arquivoltas datada en el siglo XIII.

El motín del Pendón Verde

La capilla bautismal de la iglesia fue en origen la capilla funeraria de los Cervantes, que como puede verse en la parte superior de la reja del siglo XVII fueron Caballeros Veinticuatro de Sevilla. Estos caballeros eran una especie de regidores del Ayuntamiento que pertenecían a las clases altas de la ciudad.

En la capilla se guardaba el Pendón Verde, un estandarte arrebatado a los almohades en una batalla y enarbolado en el famoso motín que se inició el 8 de mayo de 1521. Ese día los vecinos del barrio de la Feria, en una terrible situación de hambruna, se rebelaron contra las autoridades. Tras una larga lucha los cabecillas fueron ajusticiados y sus cabezas cortadas colgaron de la ventana del cercano palacio de los marqueses de la Algaba (ver página 46).

CENTRO DEL MUDÉJAR

(21)

Uno de los centros de interpretación histórica más desconocidos y curiosos de la ciudad

Plaza Calderón de la Barca, s/n
Tel.: 955 47 25 25
Lunes a viernes, de 10 a 14 h y de 17 a 20 h
Sábado, de 10 a 14 h
Entrada gratuita

En la plaza trasera a la iglesia de Omnium Sanctorum y al mercado de Feria se yergue el palacio de los marqueses de la Algaba. En este edificio se ha instalado uno de los centros de interpretación histórica más desconocidos y curiosos de la ciudad: el Centro del Mudéjar. Inaugurado en 2013, el centro ofrece un apasionante viaje por el arte mudéjar a través de sus salas, donde se exponen 111 piezas entre la que destacan una pila bautismal, sellos, tinajas, azulejos, yeserías, lápidas góticas...

La pieza más secreta e interesante del palacio es la fabulosa techumbre de madera policromada renacentista en el conocido como Salón de Doña Leonor, con dibujos formados por elementos vegetales y escudos de armas. Milagrosamente, se conservó en buen estado al estar oculta tras un falso techo. La bella portada del centro es la más significativa de la arquitectura mudéjar civil de Sevilla, tras el palacio del rey Pedro I en los Reales Alcázares, con su ventana ornamentada de arcos polilobulados con alicatado cerámico de color azul, verde, blanco y ocre. En el centro del friso se adivina el hueco vacío del escudo de armas de los Guzmanes, hoy desaparecido. Además, es destacable la torre de carácter defensivo con dos plantas construidas enteramente en ladrillo. Antiguamente existía un arquillo con un paso elevado que comunicaba directamente el palacio con la iglesia, el cual fue derribado en el siglo XIX. El patio central, que conserva todavía algunas columnas de mármol procedentes de Génova, es un remanso de tranquilidad en el bullicioso entorno del barrio.

El palacio fue construido por el primer señor de la Algaba, Juan de Guzmán, a mediados del siglo XV, en una zona que era un importante eje comercial de productos agroalimentarios, donde ahora se halla el mercado de Feria. El edificio pasó por todo tipo de vicisitudes a lo largo de los siglos, acentuando su decadencia en el siglo XIX, llegando a ser teatro, casa de vecinos y cine de verano, hasta que, en el año 2002, resurgió de la ruina y el expolio como un fénix después de la rehabilitación acometida con fondos europeos.

Mudéjares, musulmanes en tierra cristiana

Los mudéjares fueron aquellos musulmanes a los que se les permitió continuar viviendo en los territorios conquistados por los cristianos. En muchos casos eran excelentes artesanos y constructores, responsables de este mestizaje entre el gótico castellano y el arte almohade, tan común en Sevilla.

LA CARBONERÍA DE LA CALLE PARRAS

22

El recuerdo del calor antiguo

Calle Parras, 2
www.carboneriaparras.com
Lunes a sábado, de 9 a 15 h

Muy cerca de la puerta de la Macarena se encuentra un negocio familiar de venta de carbón, el último que resiste en la ciudad. Atravesar su puerta nos lleva a tiempos del pasado entre sus paredes y suelos oscuros de carbonilla y polvo de hollín. En los muros cuelgan serones, las grandes cestas de esparto con las que el abuelo del actual propietario recogía el producto para traerlo en burro desde la antigua estación de tren de la plaza de Armas.

Aquí se puede encontrar carbón de encina de Extremadura, cisco de carbón (un material más menudo), cisco picón (procedente de las ramas más finas del árbol, usado para los braseros a los que se añadía una rama de alhucema seca para dar buen olor), carbón mineral (antracita y coque), leña y, también, como una concesión a la modernidad, gas butano.

Esta carbonería la fundó Francisco Aguilar, hace ya más de cien años, a inicios del siglo XX. Propietario de una carbonería en la calle Cruz Verde, adquirió un antiguo molino de trigo con la intención de usarlo como almacén de carbón para distribuirlo por los despachos que existían en el barrio. En los años 50, su hijo Manuel edificó esta carbonería en el solar del antiguo molino, que en la actualidad se mantiene gracias al trabajo de Luis, ya la tercera generación. Además de la familia Aguilar, multitud de trabajadores han pasado por ella, especialmente entre los años cuarenta y sesenta.

Las carbonerías en Sevilla

Hasta la generalización de la electricidad y del gas, las carbonerías fueron un servicio fundamental en las ciudades y los pueblos. Del carbón se dependía para cocinar, en la muy común cocina económica, y para encender los braseros con los que calentar la casa. Por ello, en casi todas las calles y plazas de Sevilla se encontraba una carbonería. Donde era difícil distinguir al carbonero o la carbonera, tan tiznados que no se adivinaba el color de la piel ni del cabello. De la misma manera, aquellos con menor fortuna y que no disponían de un local, ejercían de carboneros ambulantes, acarreando grandes sacos de carbón por las calles. Alguno con más posibles se ayudaba para esta tarea de un mulo tan fatigado y tiznado como él. Un penoso trabajo con el que ganarse la vida.

SÍMBOLOS SALOMÓNICOS EN LA IGLESIA DE SAN LUIS DE LOS FRANCESES

(23)

El templo que anuncia la Jerusalén Celeste

Calle San Luis, 37
Tel.: 954 55 02 07
Para visitas en grupo: sanluis_visitas@dipusevilla.es
Martes a domingo, de 10 a 14 h y de 16 a 20 h

Obra maestra del arquitecto Leonardo de Figueroa, la iglesia de San Luis de los Franceses es el templo barroco más suntuoso de Sevilla. Construida entre los años 1699 y 1731 para el noviciado de la Compañía de Jesús (Jesuitas), la iglesia (en la actualidad desacralizada) esconde varios secretos para los no iniciados.

El más relevante es su concepción como templo de Salomón, el templo «perfecto» y lugar de la sabiduría divina, ideado como un complejo programa simbólico que anticipa la Jerusalén Celeste, la ciudad de Dios.

Su planta es un gran círculo central inserto en una cruz griega que tiene sus brazos dirigidos a los cuatro puntos cardinales en referencia a la planta imaginada del templo israelita. Aunque los tratadistas del Renacimiento y el Barroco concebían al templo del Antiguo Testamento con una planta rectangular, la Orden Jesuita recuperó la idea medieval que lo identificaba en Jerusalén con la Cúpula de la Roca y la basílica del Santo Sepulcro, ambas de planta circular.

Hacia la cúpula se elevan dieciséis columnas entre las que se abren capillas y hornacinas. Estos fustes, llamados salomónicos, se distinguen por su desarrollo retorcido en forma helicoidal y son una representación de las columnas *Jaquín y Boaz* que flanqueaban la entrada del templo de Jerusalén, simbolizando la estabilidad y la fuerza. Además otras dos semicolumnas salomónicas se muestran en el segundo cuerpo de la fachada en un lugar preeminente.

En la impresionante cúpula es donde se reflejan más claramente los símbolos salomónicos. Aquí los frescos realizados por Lucas Valdés recogen fielmente el ajuar del templo. En el vano central y tras la figura alegórica de la Religión está el *Arca de la Alianza*, el elemento central del sanctasanctórum (el recinto más reservado del templo) que Dios explica con todo detalle constructivo a Moisés (Éxodo 25-31). El arca está protegido por una cubierta de oro conocida como *Propiciatorio* sobre la que se ubican dos querubines dorados con las alas enfrentadas.

Siguiendo por la derecha se representan el *Menorá*, el gran candelabro de oro con siete lámparas de aceite, el *Altar de bronce*, el Velo que separaba el sanctasanctórum llevado por dos ángeles, el *Mar de bronce*, el *Altar del Holocausto*, donde se sacrificaban animales en honor a Dios, la *Mesa de los Panes de la Proposición* (con sus doce panes ácimos en dos columnas de seis) y el *Altar de los Perfumes*, que incluso muestra el humo del incienso al quemarse.

EL ORATORIO DE LA PUERTA DE CÓRDOBA

24

La leyenda del mártir

Puerta de Córdoba
Iglesia de San Hermenegildo
Calle Puerta de Córdoba, 1
Tel.: 954 371 790
Iglesia abierta: jueves 19:30 h, festivos y domingo, 13 h
Visitas previa cita: hermandaddesanhermenegildodesevilla@hotmail.com

Con cita previa, el acceso al enigmático oratorio dedicado al rey visigodo Hermenegildo, ubicado en el corazón de la puerta de Córdoba, se realiza a través de un portón situado en la iglesia edificada en el año 1616. Tras atravesar el patio de la torre-puerta y ascender por una estrecha escalera, se muestra el altar de piedra de la pequeña capilla cubierta de un magnífico artesonado mudéjar del siglo XVI.

Una de las leyendas más populares de Sevilla se basa en la creencia de que Hermenegildo fue cautivo y martirizado en este lugar por orden de su padre Leovigildo en el siglo VI. Una lápida en la pared del templo recuerda esta historia: *Oh tú cualquiera que pasas, venera rendido este lugar consagrado con la Sangre Santa del Rey Hermenegildo.*

Pero lo cierto es que aquí nunca pudo ocurrir el martirio ya que esta puerta es de origen medieval, construida alrededor del siglo XII, varios siglos más tarde de este hecho. La leyenda se sustentaba en la creencia errónea, mantenida hasta el siglo XIX, de que la muralla de Sevilla era de época romana y fue construida por Julio César, cuando realmente es de origen islámico. Seguramente este mito salvó a la torre del derribo.

La de Córdoba es una de las tres puertas que hoy se mantienen en pie (ver página 56). Es la más interesante, y también la más desconocida, unida a la puerta de la Macarena por el mayor tramo conservado de muralla. Constituye una torre-puerta saliente de la muralla con un acceso en recodo por el que se ingresa a un patio a cielo abierto. Este tipo de construcción militar era muy útil para defenderse de un asedio: desde ahí se podía bloquear a los atacantes arrojando aceite hirviendo o lanzando una lluvia de flechas.

Hermenegildo, el rey mártir

El rey visigodo Leovigildo nombró en el año 579 a su hijo Hermenegildo como gobernador de la Bética, cuya capital era Sevilla. Aunque el arrianismo era la creencia oficial, Hermenegildo fue casado con una princesa franca que, con la ayuda del obispo San Leandro, logró que se convirtiera a la religión católica. Leovigildo exigió a su hijo que volviera al arrianismo y acudiera de forma inmediata a la corte de Toledo. Así se inicia una guerra entre padre e hijo que llevaría al asedio de Sevilla. Tras su derrota, Hermenegildo fue capturado en Córdoba y más tarde llevado a Tarragona para ser ajusticiado. Por eso se le representa con unos grilletes en la mano y un hacha clavada en la cabeza.

CENTRO DE DOCUMENTACIÓN DE LAS ARTES ESCÉNICAS ㉕

Una biblioteca mágica

Santa Lucía, 10
Tel.: 955 928 850
cdaea@juntadeandalucia.es
www.cdaea.es
Visitas guiadas previa cita, primeros lunes (11 h) y jueves (16 h) de cada mes

Desde 2012, la antigua iglesia gótica de Santa Lucía alberga en su bellísima nave magníficamente restaurada el Centro de Documentación de las Artes Escénicas, entidad que celebró un acuerdo con el Círculo Mágico de Sevilla, la asociación que engloba a los ilusionistas hispalenses, para acoger el denominado Fondo de Ilusionismo de Andalucía.

El fondo contiene un buen número de libros, títulos de revistas y videograbaciones fundamentales para conocer la historia de la magia en la ciudad y en Andalucía, así como un importante repertorio de notas de conferencia, recurso fundamental para la transmisión de los conocimientos mágicos, normalmente efímeros y secretos. El fondo, que no ha parado de crecer por las adquisiciones y las donaciones recibidas, es el tercero de España tras la Fundación March y el archivo de la Biblioteca Nacional, y el primero en videograbaciones.

El libro más antiguo y sin duda el más relevante es el *Curso completo de prestidigitación o la hechicería antigua y moderna explicada* de Jean Nicolas Ponsin fechado alrededor de 1880 y editado en Valencia por la librería Pascual Aguilar. De esta editorial también es reseñable *La magia moderna de salón* de Carlos Willmann de 1897. Pablo Minguet (1733-1778) fue el primer autor español de libros de ilusionismo del que se cuenta con su obra *Juegos de manos o sea arte de hacer diabluras*.

Su origen se puede situar cuando los magos sevillanos, que se reunían en la trastienda de un bar de la Alameda de Hércules, vieron cómo una de las inundaciones del Guadalquivir que periódicamente asolaban la ciudad casi se llevó por delante su biblioteca, la cual tuvo que distribuirse por todos los socios del Círculo Mágico.

Una portada que se trasladó

La primitiva portada de Santa Lucía se desmontó para ser instalada en la iglesia de Santa Catalina en los años 30 del pasado siglo. El templo fue secularizado por el Ayuntamiento en el año 1868 y cedido como sede a la Tertulia democrática, Reunión de Artesanos Honrados. A lo largo del tiempo ha tenido los usos más variados: fábrica de fósforos, sala de cine, taller de automóviles, sala de ensayo...

LA MURALLA ISLÁMICA DE LOS JARDINES DEL VALLE

(26)

El tramo más secreto de la muralla medieval de Sevilla

Jardines del Valle
Calle María Auxiliadora, 33
Todos los días, de 8 a 22 h

Uno de los tramos mejor conservados y más secretos de la muralla medieval de Sevilla se esconde en los jardines del Valle, espacio del que se tiene noticia desde el siglo XV cuando se funda el convento del mismo nombre. Separando el jardín del caserío circundante se conservan unos 300 metros de muro con una altura media de 12 metros y unos 2,45 metros de grosor, construido con la técnica de tapial con cal, arcilla, arena y guijarros. Además en este lienzo se encuentran dos torreones en buen estado.

La muralla medieval fue construida en el siglo XII por los almorávides. En el siglo XIII los almohades la reforzaron y ampliaron, llegando en algunos tramos a elevar su altura 2 metros más.

La cerca de la época romana defendía una ciudad mucho más reducida concentrada en el área de la catedral, la plaza de la Alfalfa y la plaza de la Encarnación. La enorme ampliación de la era islámica, por la que pasa a proteger casi 250 hectáreas, se debe principalmente al nuevo papel de Isbilya como capital peninsular del imperio almohade, lo que motiva también la construcción del puente de barcas, la traída de agua de los Caños de Carmona (ver página 128) y la nueva mezquita mayor. En toda su extensión se repartían unas 166 torres de planta cuadrada y octogonal separadas entre sí por unos 50 metros.

A lo largo de su recorrido se disponían una docena de puertas y varios postigos o puertas menores. Las puertas medievales eran Sol, Osario, Carmona, Carne, Jerez, Arenal, Triana, Real (antigua puerta de Goles), San Juan, Barqueta, Macarena y Córdoba, de las que solo se mantienen en pie las dos últimas, así como el postigo del Aceite. La última puerta de Sevilla que se derribó fue la más cercana a estos jardines, la puerta del Sol, en 1873.

Desde la conquista de la ciudad por el rey Fernando III en 1248, la muralla perdió su funcionalidad defensiva original para plantar cara a un viejo enemigo de la ciudad: las inundaciones fluviales que periódicamente la atacaban.

EN LOS ALREDEDORES

Muralla de la Macarena

De los 7 kilómetros que tenía en origen, se pueden ver, además de este tramo oculto, el lienzo que une la puerta de la Macarena con la torre-puerta de Córdoba (ver página 52), en el cual se encuentra la torre Blanca. De la misma manera se conserva el muro del callejón del Agua adosado al Alcázar. Se estima que un 70% de la muralla, alrededor de 5 kilómetros, pervive oculta entre el caserío urbano.

LABORATORIO MUNICIPAL DE HIGIENE

(27)

El templo científico

Avenida María Auxiliadora, 16
Tel.: 955 47 33 43
laboratorio@sevilla.org
Visita previa cita
Jueves, de 10 a 13 h

Frente a los jardines del Valle, el Laboratorio Municipal de Higiene, con sus más de 100 años, sigue siendo un importante hito urbano y una institución tan desconocida como relevante para la sanidad sevillana.

En la fachada amarillo albero del edificio aparece todo un repertorio de apellidos de ilustres personajes relacionados con la ciencia y la salud: Pasteur, Koch, Roux, Berzelius, Ferrán, Jenner, Ramón y Cajal, Lavoisier, Curie y Berthelot. Una lección callejera de historia de la ciencia, sobre todo en épocas en las que las epidemias campaban por doquier y la extensión de la vacunación era fundamental.

De ahí que en un lugar clave esté el padre de la inmunología, el inglés Stephen Jenner, descubridor de una vacuna crucial contra la viruela, acompañado por Koch, el descubridor de los bacilos de la tuberculosis y del cólera y por el gran Pasteur, fundamental en el desarrollo de los antibióticos.

En la visita guiada por personal técnico del laboratorio se accede a la valiosa colección de material e instrumental.

En la actualidad el histórico edificio conserva salas y maquinaria de principios del siglo XX ubicadas en diferentes espacios de las dos plantas del edificio, elementos con los que se controlaba la higiene y la salubridad pública, con especial atención a las irregularidades y adulteraciones alimentarias, el análisis de aguas, el control de animales así como a la desinfección de objetos, vestimentas, inmuebles y vehículos de personas que habían sufrido enfermedades contagiosas. Así, en el patio trasero pueden verse unas grandes puertas de hierro forjado donde se trataban coches y furgones, que ahora sirve como almacén.

El laboratorio se construyó en 1912 según el diseño del entonces arquitecto municipal Antonio Arévalo, en un estilo ecléctico entre historicista y modernista. Arévalo fue también responsable de obras tan diversas como el bar España en la calle San Fernando, la fábrica El Progreso Industrial en la avenida Luis Montoto o la red de subcentrales eléctricas con estilo neomudéjar (ver página 42) distribuidas por el centro y el barrio de Triana.

Hoy en día el laboratorio sigue plenamente activo en el ámbito de salud comunitaria, desarrollando tareas de análisis clínicos y epidemiología, control de calidad e higiene pública.

Contigua al centro, la calle Doctor Relimpio debe su nombre a Federico Relimpio, su primer director, médico y catedrático de Ciencias, que falleció en 1919.

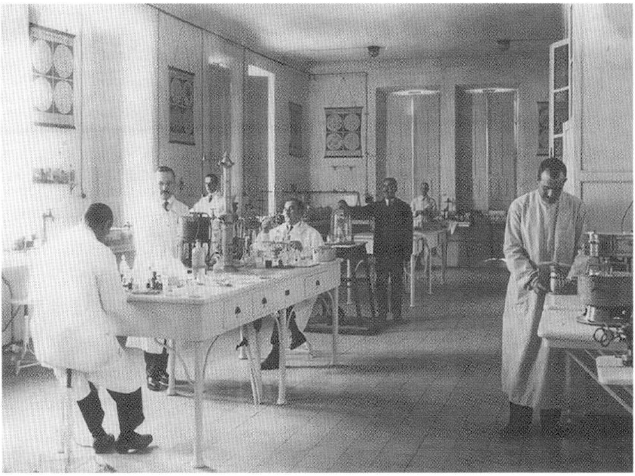

TREN LILIPUT

(28)

El ferrocarril de la Exposición del 29

Estación de Santa Justa
www.asaf.es
Entre las vías 8 y 9, planta 0
Martes, 19:30 a 21 h
Entrada libre

Escondida en la planta 0 de la estación de Santa Justa, entre las vías 8 y 9, tras la escalera mecánica, la locomotora del tren Liliput fue un medio de transporte fundamental en la Exposición Iberoamericana de 1929.

Esta muestra, que tuvo lugar en Sevilla entre los meses de mayo de 1929 y junio de 1930 con la participación de España, Estados Unidos, Portugal y los países iberoamericanos, significó una enorme intervención

urbana en la zona sur de la ciudad, afectando a una extensión de 135 hectáreas. Para su recorrido fue determinante contar con un ferrocarril en miniatura.

Construido en el año 1928 por la empresa Krauss en Munich (Alemania), estaba compuesto de una locomotora de 10 toneladas de peso que medía 7,5 metros de largo por 1 de ancho y que llegaba a alcanzar la velocidad de 30 km/h. Podía almacenar 1000 litros en su tanque de agua y 300 kg de carbón, suficiente para arrastrar los 10 vagones que transportaban, cada uno, 16 personas. Decorados con los colores de las repúblicas americanas, los vagones, estaban distribuidos en cuatro compartimentos para cuatro personas.

En un principio, se compraron tres locomotoras y 30 vagones. Las locomotoras fueron bautizadas con los nombres de las carabelas de Cristóbal Colón: *La Pinta*, *La Niña* y *La Santa María*. Poco después se adquirió una cuarta unidad que recibió el nombre de *Sevilla*. Esta atracción fue un auténtico éxito turístico, recorriendo en un solo sentido sus 5 kilómetros de vías por el parque de Maria Luisa y los diferentes pabellones. Contaba con seis estaciones, que comenzaban en la glorieta de Bécquer y continuaban en las paradas de Delicias, Galerías Comerciales, Barrio Moro, Parque de Atracciones y Plaza de América, pasando debajo del Monte Gurugú por un túnel construido ex profeso para ello.

Cuando finalizó la Exposición, los trenes fueron usados en alguna ocasión más hasta caer en el abandono más absoluto, siendo subastados en los años 30. De las cuatro unidades, una fue desguazada y otras dos han recuperado su uso en sendos parques recreativos en Ravenglass (Reino Unido) y Stuttgart (Alemania). Quiso la suerte que se salvara la locomotora *La Niña* y que fuera restaurada por la Asociación Sevillana de Amigos del Ferrocarril, pudiendo hoy ser visitada en la estación de Santa Justa, rodeada de trenes de alta velocidad.

El monte Gurugú se construyó en recuerdo del monte cercano a la ciudad de Melilla, escenario de terribles batallas a principios del siglo XX entre las tropas españolas y los rebeldes rifeños de Abd el Krim.

ESTATUA ECUESTRE *EL EXPLORADOR*

29

Un indio americano que recuerda el hermanamiento entre Sevilla y Kansas City

Avenida de Kansas City con calle Samaniego

Uno de los elementos urbanos más insólitos de la ciudad es la estatua de un indio a caballo oteando el horizonte que, a la espalda de la estación de trenes de Santa Justa, mira protegiéndose del sol hacia el barrio de El Greco.

Aunque el gracejo sevillano concluía que el indio estaba mirando en dirección a la antigua fábrica de cervezas Cruzcampo, hay que retrotraerse al año 1922 para entender qué hace este indígena en una avenida sevillana.

En ese año, el promotor inmobiliario de la ciudad de Kansas City (Misuri, Estados Unidos) J.C. Nichols visitó Sevilla y tras el impacto que esta le ocasionó, regresó con la idea de usar elementos decorativos y constructivos de estilo andaluz en el diseño del que parece ser el primer centro comercial del mundo, el Country Club Plaza, abierto al público en 1923.

Aunque el constructor tenía en mente desde el principio incluir elementos tan reconocibles como la Giralda o la fuente de la plaza Virgen de los Reyes, esto no pudo ser realidad hasta el año 1967, ya fallecido. Dos años más tarde, se celebró el hermanamiento entre la ciudad de Sevilla y la de Kansas City.

Por ello se rotuló con el nombre de avenida de Kansas City al último tramo de la hasta entonces conocida como autopista de San Pablo. Poco después se instaló un monolito con el escudo de la ciudad americana.

El monumento actual, la estatua ecuestre conocida como *El Explorador*, se erigió sobre los restos del antiguo monolito. Obra del escultor norteamericano Cyrus Edwin Dallin que refleja a un explorador indio montado a caballo, la estatua estuvo expuesta en la Exposición Universal de 1992 y posteriormente fue donada a la ciudad hispalense. Es una réplica de tamaño medio de la estatua *The Scout*, que con una altura de 3 metros se erigió en Kansas City como un monumento permanente dedicado a las colectividades indígenas locales. La escultura fue concebida en 1910 y se mostró en la Exposición Internacional Panamá-Pacífico 1915 en San Francisco, donde ganó una medalla de oro.

Indios americanos en Kansas

El estado de Kansas en los Estados Unidos fue el hogar de diversos pueblos indígenas americanos y desde 1829 tierra de acogida para la multitud de comunidades expulsadas de otros estados. Aunque a estas se les aseguró que no volverían a ser desplazadas, tras la guerra civil se rompió este compromiso. En la actualidad, en este estado se hallan cuatro reservas indias: *Iowa*, *Kickapoo*, *Potawatomi y Sac* and *Fox*.

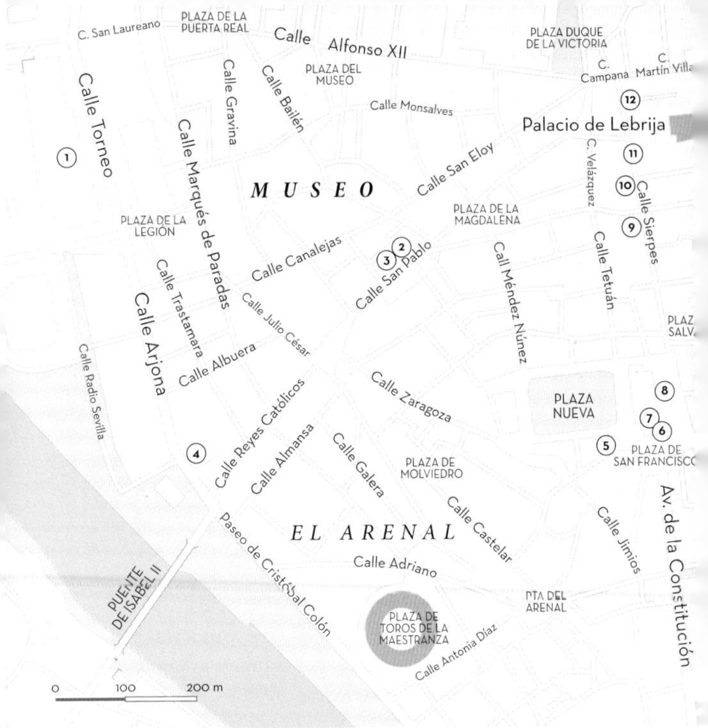

Centro, Alfalfa y Museo

PLAZA PONCE DE LEÓN
SANTA CATALINA
N
PLAZA DE LA ENCARNACIÓN
PLAZA SAN PEDRO
PLAZA DEL CRISTO DE BURGOS
Calle Alhóndiga
Calle Santiago
Calle Azafrán
PLAZA SAN LEANDRO
Calle Muro de los Navarros
Calle Recaredo
PLAZA CARMEN BENÍTEZ
ALFALFA
PLAZA DE LA ALFALFA
PLAZA SAN ILDEFONSO
Calle Imperial
PLAZA JESÚS DE LA PASIÓN
Calle Aguilas
PLAZA PILATOS
PLAZA SAN AGUSTÍN
C. San Isidoro
C. Muñoz y Pabón
SAN BARTOLOMÉ
Calle L. Montoto
Calle Mármoles
C. San José
PLAZA DE LAS MERCEDARIAS
PLAZA ZURRADORES
C. La Florida
Calle Aire
Calle Segovia
C. Guzmán el Bueno
Calle DonRemondo
PLAZA DE CURTIDORES
Av. de Menéndez Pelayo
PLAZA VIRGEN DE LOS REYES
Calle Ximenez de Enciso
PLAZA DE LOS REFINADORES
SANTA CRUZ
PLAZA SANTA CRUZ

EL TRANVÍA 177

①

El ultimo testigo de la historia de los tranvías sevillanos

Estación de autobuses (Plaza de Armas)
Puente del Cristo de la Expiración (El Cachorro), s/n

Escondido entre los andenes de la estación de autobuses de Sevilla y conocido solo por los usuarios de los buses que van a los pueblos sevillanos, descansa después de años de traqueteos el último tranvía que estuvo en activo en la ciudad: el tranvía 177.

Más conocido como el *tranvía de Coria*, ya que comunicaba la capital con los pueblos de Coria y Puebla del Río, tenía su parada de inicio muy cerca de aquí, junto al mercado del Barranco en la calle Arjona. Su

primer viaje tuvo lugar en el año 1932 y el último el 18 de febrero de 1965, finalizando así la historia de los tranvías sevillanos.

Gestionados por la empresa inglesa Seville Tramways Company, los primeros tranvías comenzaron a circular en 1887. Eran conocidos como *ferrocarriles de sangre* al ser tirados por mulas. Su parada principal se encontraba en la plaza de San Francisco, desde donde se desplegaban seis líneas en un sistema radial con dirección a Macarena, Puerta Osario, Triana, Puerta Real, Calzada y Parque-Delicias.

Tras la llegada de la electricidad, se inauguraron las primeras líneas con tracción eléctrica en 1899, recibidas desde el principio con polémica y en algunos casos con fuerte oposición. Tras algunos accidentes y la inseguridad del tránsito por las estrechas calles, la prensa se refería al tranvía como el *peligro amarillo*.

A principios de siglo XX se inició el trayecto desde la Macarena al cementerio, para el cual la empresa había reservado el color negro y el número 13.

El descontrol en su gestión y continuos problemas laborales llevaron al tranvía a una crisis sin salida. La introducción del autobús en los años 50, considerado como símbolo de modernidad, fue el detonante para que el Ayuntamiento desmantelara la red urbana de tranvías.

Tras años de olvido, el tranvía no volvió a Sevilla hasta 2007 cuando se inauguró el Metrocentro entre la plaza Nueva y el prado de San Sebastián.

Escasos vestigios del tranvía

La mayoría del trazado del tranvía fue levantado pero aún quedan algunos vestigios en la entrada del cementerio de San Fernando, en la calle Hernando Colón y en la plaza San Martín de Porres y solo una parada, en la glorieta de Heliópolis, usada en la actualidad para el autobús. También se conserva la señal de una antigua parada del tranvía en la calle Betis (ver página 215).

Otro vagón de tranvía, el 314, se encuentra ubicado en el barrio de Triana, en la plaza de san Martín de Porres, después de su restauración en 2005.

LOS ATLANTES DE LA CÚPULA DE LA IGLESIA DE LA MAGDALENA

②

El secreto de los guerreros indígenas

Calle Bailén con calle Murillo

Al dirigir la vista a las cubiertas de la iglesia de la Magdalena desde la esquina de las calles Murillo y Bailén, se observan unos atlantes sorprendentes: ocho fuertes guerreros amerindios que soportan la linterna de la cúpula, cada uno de ellos con un sol azul colocado a sus pies. En las esquinas del tejado de la torre se localizan también máscaras indígenas en azulejo vidriado de varios colores que miran burlonas las azoteas sevillanas.

Estas figuras recuerdan a los famosos atlantes de Tula de la civilización tolteca en México, figuras colosales, custodios de los templos, que hacían alusión a los guerreros muertos y cuya misión era acompañar al sol en su tránsito celestial.

Sevilla, en su apogeo económico y social, navegaba continuamente entre dos continentes al ser la sede de la Casa de Contratación de las Indias, máximo organismo responsable del comercio ultramarino entre 1503 y 1717.

La iglesia de la Magdalena fue construida sobre la iglesia del ruinoso convento gótico-mudéjar de San Pablo, el mayor convento dominico de Andalucía, y en él se alojaron muchos frailes antes de embarcar para evangelizar América y Filipinas. La primera misión de los dominicos llegó a La Española (Santo Domingo) en septiembre de 1510. Llegaron a México en 1526, en plena guerra de Hernán Cortés con el Imperio mexica. Algunas de estas misiones a las Indias fueron organizadas por el dominico Bartolomé de las Casas, conocido como el protector de los indios del Nuevo Mundo, que fue nombrado obispo en este convento y ordenado en 1543 obispo de Chiapas (México).

Leonardo de Figueroa

La construcción del templo barroco de la Magdalena se encargó al arquitecto más relevante de su tiempo en Sevilla, Leonardo de Figueroa (Utiel, Valencia, ca. 1654 – Sevilla, 1730) que lo finalizó en 1709. Figueroa es el arquitecto de obras tan significativas en la ciudad como la iglesia de San Luis, el palacio de San Telmo, la iglesia del Salvador y el hospital de la Caridad.

EL SUPLICIO DE DIEGO DURO ③

La memoria de la Inquisición

Calle Bailén, 5
Iglesia de la Magdalena
Nave de la epístola
Lunes y viernes, de 7:45 a 11 h y de 18:30 a 21 h. Martes a jueves y sábado, de 7:45 a 13:30 h y de 18:30 a 21 h. Domingo y festivos, de 8:45 a 14 h y de 18:30 a 21 h

Una escena sobrecogedora se puede contemplar en la gran pintura mural situada a la derecha del crucero de la iglesia de la Magdalena. Un condenado por la Inquisición monta un pequeño pollino gris y va ataviado con el sambenito más completo: una casaca amarillenta con la gran cruz de san Andrés y una caperuza de papel con las llamas dibujadas que adelantan su triste final. La comitiva avanza lenta rodeada por el populacho que la jalea, acompañada por varios frailes dominicos y soldados y seguida por un personaje con corona y capa de armiño que porta un haz de leña para la hoguera. Es el rey Fernando III de Castilla, el conquistador de Sevilla.

Es el 28 de octubre de 1703 y el auto de fe acaba de condenar al comerciante de Osuna Diego Duro a la peor de las penas, por practicar la religión judía: morir abrasado en el quemadero que la Santa Inquisición tiene en el Prado de San Sebastián.

Solo dos años después, el pintor sevillano Lucas Valdés realiza el fresco, mientras el arquitecto Leonardo de Figueroa está finalizando la construcción de la iglesia barroca que sustituye al ruinoso templo gótico-mudéjar del convento de San Pablo el Real. El convento se edificó en unas fincas donadas por el rey Fernando III a los dominicos que asistieron a su ejército en la conquista de la ciudad y ubicadas en el espacio que hoy incluye la iglesia actual y el vecino Hotel Colón.

Destruido en 1813 cuando todavía estaban los frailes en el convento, el mural no fue restaurado hasta 1982.

El Santo Oficio comenzó a funcionar en Sevilla en 1481 para perseguir las prácticas judaizantes de los conversos y a los herejes. Como la Orden de los Dominicos se hizo cargo de este cometido, el convento de San Pablo se constituyó en su primera sede en España y donde residieron sus primeras cárceles. Así en febrero de ese año se inaugura el quemadero de Tablada con la ejecución de seis personas. Tres años más tarde fue también en Sevilla donde se aprobaron las primeras reglas inquisitoriales de la mano del lúgubre Torquemada. Aunque al poco tiempo, por problemas de espacio, se trasladó al castillo de San Jorge en Triana (ver página 206), muchos de los autos de fe más solemnes se continuaron realizando en el convento.

En la hornacina sobre la puerta exterior se ve a Santo Domingo custodiado por perros con antorchas en la boca que iluminan la bola del mundo, los *domini canis*, los perros del Señor.

REAL ALMACÉN DE MADERAS ④

Desde los bosques de Segura por el Guadalquivir

Calles Arjona y Segura

Antes de cruzar el puente de Triana, frente al mercado del Barranco, se halla un curioso edificio blanco de estilo barroco que alberga en sus bajos, en la actualidad, un concesionario de automóviles. Pero pocos, de los muchos viandantes que pasan a su lado, saben que este edificio era una importante institución de la Sevilla del dieciocho: el Real Negociado de Maderas de Sevilla.

Construido en 1735, el edificio original de los almacenes de maderas del Rey se circunscribe a la planta baja del actual, con sus grandes muros de ladrillo y sus características garitas de vigilancia ubicadas en las cuatro esquinas, que le dan un aire colonial y militar. En 1958 se realizó el añadido de dos plantas de viviendas y a mediados de los años 60 se instaló en su interior una estación de autobuses, que conectaba principalmente con Huelva.

El Real Negociado se creó para gestionar la gran cantidad de madera necesaria para la construcción de la Real Fábrica de Tabacos, la actual universidad de Sevilla (ver página 238). Estas maderas se decidieron traer desde las sierras de Segura en Jaén y evitar así su traída desde Flandes. Posteriormente Fernando VI creará la provincia marítima de Segura, dedicando un gran territorio, principalmente de las sierras de Jaén y Albacete, a la gestión y explotación de sus recursos forestales para la construcción de buques de la marina real, entre ellos los de la flota de Indias.

En 1734 llegó la primera maderada compuesta de más de 8000 piezas de excelente pino salgareño. A partir de ese momento, una vez al año y en invierno, coincidiendo con la crecida de los ríos, se transportaban los troncos por el río Guadalimar y el río Guadalquivir hasta Sevilla y, posteriormente, hasta el arsenal de La Carraca en San Fernando (Cádiz).

La durísima navegación de la pinada era realizada por un grupo de hasta 300 gancheros, de los cuales los más cotizados eran los procedentes de Priego de Córdoba. Esta navegación podía tardar entre siete y diez meses en recorrer más de 400 kilómetros, llevando pinos de hasta 30 metros, hasta su destino en Sevilla.

La lápida borrada de 1812

En un lado del edificio, se ve una antigua lápida cuyo texto ha sido borrado y solo se adivina lo que sigue: *«En el día veinte y ocho de agosto de mil ochocientos doce se celebró en este...»*, leyenda que hace referencia a los actos que celebraron el fin del dominio francés después de la guerra de la Independencia

CAPILLA DE SAN ONOFRE (5)

El oratorio escondido del anacoreta

Plaza Nueva, 3
Abierta las 24 horas del día, los 365 días del año

Oculta tras la fachada de un edificio regionalista, la capilla de San Onofre pasa totalmente desapercibida a pesar de ser el único vestigio que pervive del gran convento de San Francisco que existía desde el siglo XIII y que tras su derribo en 1840 por su estado ruinoso dio lugar a la actual plaza Nueva.

Fundada en 1520 por la Hermandad de las Ánimas con la finalidad de rogar por las ánimas del purgatorio, la capilla está dedicada al extravagante eremita Onofre que ruega al cielo cubierto por su gran melena desde el retablo concebido por el escultor Martínez Montañés.

El eremita vivió en el desierto de Egipto en el siglo IV, donde se alimentaba solo de dátiles, más el pan y el vino que según la leyenda le suministraba un ángel y se vestía con hojas de palmera y su propia cabellera.

EN LOS ALREDEDORES

Cruz de las siete cabezas

Arquillo del ayuntamiento de Sevilla
Plaza de San Francisco

Mimetizada con la decoración renacentista del ayuntamiento, junto al arquillo y al lado de la sala capitular baja, la cruz de las siete cabezas hace mención a los siete ángeles que se distribuyen por ella. Realizada en 1903, la cruz sustituye a otra anterior más sencilla que se erigió 200 años antes para conmemorar el último auto de fe celebrado por la Inquisición en la plaza de San Francisco. El emblema franciscano de las cinco llagas puede observarse encima del arquillo renacentista que daba la entrada al compás del convento.

El fin de la Inquisición

La última pena de muerte en la hoguera en España tuvo lugar en Sevilla en 1781. La triste protagonista fue la anciana ciega María Dolores López, popularmente conocida como la «Beata Dolores», que fue acusada de herejía y condenada al quemadero que se encontraba en el prado de San Sebastián. Nada menos que tres siglos después de las primeras ejecuciones con fuego en 1481.

El final de la Inquisición se debe a Napoleón en 1808 y a las Cortes de Cádiz en 1813. Y aunque un año después Fernando VI restauró el Santo Oficio, fue abolido definitivamente en 1834.

EL RELIEVE DEL *PLUS ULTRA* ⑥

La divisa de un imperio que no tenía límites

Ayuntamiento de Sevilla
Plaza de San Francisco junto al arquillo

Al lado del arquillo del ayuntamiento y junto a la puerta de la sala capitular baja se encuentra una de las representaciones más antiguas que se conocen del lema *Plus Ultra* (*Más allá*, en su traducción literal del latín).

El relieve en la fachada renacentista de piedra muestra dos columnas terminadas en corona y cruzadas por una banda con el lema grabado, todo sobre ondas marinas. Asimismo el símbolo se encuentra labrado en la parte superior de la excepcional puerta de madera de la sala capitular baja. En este caso las dos columnas son empujadas hacia el centro por un Hércules desdoblado.

En el año 1532 se comenzaron a realizar los relieves en la fachada del ayuntamiento, un edificio impulsado por Carlos V tras la boda con su prima Isabel de Portugal en Sevilla en marzo de 1526, asombrado por la escasa calidad y relevancia que tenía el consistorio de una ciudad considerada como el centro del mundo. Solo 10 años antes de esa boda el emperador había incorporado la divisa *Plus Ultra* al escudo imperial como representación de su poder y de la expansión de su imperio.

El emblema hace referencia a Hércules, considerado uno de los fundadores de la ciudad de Sevilla. En uno de sus trabajos habría separado dos enormes columnas, identificadas con sendos montes enfrentados, el peñón de Gibraltar en el sur de España y posiblemente el Musa en el norte de África. De esta manera en el estrecho de Gibraltar señaló el fin del mundo conocido con la leyenda *Non Terrae Plus Ultra* (No existe tierra más allá), avisando a los navegantes que si lo traspasaban se encontrarían con un sinfín de monstruos marinos y enormes abismos y cataratas.

Pero cuando Colón descubrió América y, años más tarde, Juan Sebastián Elcano dio la primer vuelta al mundo finalizando el viaje iniciado por Magallanes (ver página 216), se quebró la advertencia colocada por el héroe mitológico, transformando así la divisa en *Plus Ultra*, enseñando al mundo que se podía ir más allá.

¿Un significado esotérico?

Como señalaba Platón, para un barco que llegaba desde el Mediterráneo ir mas allá de las columnas de Hércules, simbólicamente ubicadas en el estrecho de Gibraltar, significaba dirigirse hacia la mítica Atlántida, para algunos un lugar de conocimiento hermético. Por eso, el símbolo de las columnas gemelas ha guardado desde siempre la entrada a lo desconocido. Traspasarlas significaba dejar atrás lo material y acceder a la esfera de la iluminación.

En la puerta del templo de Jerusalén se encontraban asi dos pilares de bronce, llamados Jaquín y Boaz, que inspiraron las dos columnas que se ubican en la entrada de los templos masónicos.

El origen del símbolo del dólar

Una de las teorías más extendidas del origen del símbolo $ hace referencia a que este es una estilización de las columnas de Hércules que aparecían en los lingotes y en las monedas acuñadas en la Ceca de México. De manera que la banda del lema *Plus Ultra* sería la S y las columnas las dos barras verticales.

EL SÍMBOLO NO8DO DEL AYUNTAMIENTO

⑦

«No me ha dejado» *o el nudo de la unión del Imperio*

Ayuntamiento de Sevilla
Plaza Nueva, 1
www.sevilla.org/actualidad/visitas-casa-consistorial
Visitas, de lunes a jueves
Entrada gratuita para nacidos o residentes en Sevilla
Sábado, entrada gratuita público general

En la sala capitular baja del ayuntamiento, en el friso de la parte sur, en dos cartelas flanqueadas por los grupos escultóricos del Calvario y el sacrificio de Isaac y junto a la espectacular bóveda decorada con relieves de monarcas castellanos y leoneses, puede observarse la versión más antigua que se conserva del símbolo por excelencia de la ciudad, datada alrededor del año 1533. Este símbolo se compone de dos sílabas en mayúsculas NO y DO unidas por un ocho en forma de madeja anudada.

Pocas ciudades cuentan con un logotipo que la identifica oficialmente desde al menos cinco siglos y posiblemente desde bastante antes.

Sin mucha base histórica los sevillanos han repetido una leyenda que ha pasado de padres a hijos y que soluciona el acertijo con una traducción literal, fácilmente entendible y recordable. Según se cuenta, Sevilla fue una de las escasas ciudades que brindó lealtad a Alfonso X en la guerra sucesoria que le enfrentó en 1283 con su hijo Sancho, al que apoyaba gran parte de la nobleza y la propia esposa del rey, doña Violante. Así el rey se habría referido a la ciudad con la expresión *no me ha dejado*, transformada en el acrónimo *no-madeja-do*, de ahí el uso del 8 representando una madeja en el lema. Alfonso murió pocos meses después, siendo sucedido por su hijo a pesar de que este había sido desheredado.

Pero lo más sorprendente es que esta explicación novelesca surgió por primera vez en el siglo XVII, cuando del símbolo hay constancia documental al menos dos siglos antes.

La explicación alternativa, y más realista, se relaciona con las aspiraciones legítimas de Alfonso X al trono del Sacro Imperio Romano Germánico tras la muerte de su abuelo Federico II. Pretensión en la que se empeñó más de la mitad de su reinado, sin obtener éxito alguno. En este caso el origen del lema Nodo se relacionaría directamente con su etimología latina nodus, reforzado por el 8 que recuerda directamente el valor mítico del nudo hercúleo. El nudo con el que el rey sabio planteaba la unión del Imperio.

EL MEDALLÓN DE GRACE KELLY ⑧

Historias de la fachada del ayuntamiento

Fachada del ayuntamiento
Plaza de San Francisco

En la fachada del ayuntamiento de Sevilla, codeándose con escudos imperiales, estatuas de Hércules y de Julio César y relieves pétreos de animales mitológicos, esculpida en el medallón que se encuentra bajo la penúltima ventana central, está un sorprendente relieve de Grace Kelly. Pero, ¿cómo llegó hasta aquí la imagen de la musa de Hitchcock?

La construcción del ayuntamiento renacentista se inició en 1526 por el arquitecto Diego de Riaño. En ese año, Sevilla fue elegida como sede del matrimonio de Carlos I con Isabel de Portugal, tomando relevancia como capital imperial. Casi medio siglo después se concluye esta obra ricamente labrada en piedra y distribuida en dos plantas. El edificio renacentista ocupa un tercio en el lado izquierdo del actual, incluyendo el arquillo que daba paso al ya desaparecido convento de San Francisco.

Tuvieron que pasar varios siglos para que se emprendiera la ampliación del edificio, insuficiente a todas luces para las necesidades de la ciudad. En 1868 se encarga a Demetrio de los Ríos la construcción de la nueva fachada, intentando seguir el estilo plateresco del viejo cabildo. Aunque la talla de la fachada se inicia en 1890 por el escultor Pedro Domínguez, las obras se eternizan durante casi un siglo pasando por las manos de diversos escultores hasta que se abandonan en la década de 1970, quedando la piedra tallada a bulto como se ve en la actualidad.

El último de esta saga es Manuel Echegoyán, nacido en Espartinas (Sevilla) en 1905. Desde muy joven despunta como maestro escultor, llegando a realizar con solo 25 años el monumento a Castelar en los jardines de Cristina. Obtuvo el título de profesor de dibujo en la Academia de San Fernando de Madrid, donde le encontró el levantamiento contra la República. Durante la guerra trabajó como topógrafo en el ejército y fue hecho prisionero en Madrid hasta que en 1940 volvió a Sevilla, aunque inhabilitado para ejercer su profesión. Con los años el escultor recuperó su prestigio y se le encargó la finalización de esta fachada neoplateresca. Coincidió que, en el año 1966, la actriz Grace Kelly, con su marido el príncipe Rainiero de Mónaco, visitaban la Feria de Abril. Fue así como Echegoyán decidió usarla como modelo para uno de los medallones.

El autorretrato del escultor y de su mujer

El relieve de Grace Kelly es la penúltima figura femenina sobre la que se puede leer la firma del artista: la última es la efigie de su mujer, enfrentada al perfil del escultor que se autorretrató para la inmortalidad en un ejercicio de justicia poética.

SOMBRERERÍA MAQUEDANO

9

Un viaje al pasado

Calle Sierpes, 40
Tel.: 954 56 47 71
www.maquedano.com
Lunes a viernes, de 10 a 14 h y de 18 a 21 h y sábado, de 10 a 14 h

El minúsculo local modernista de tres plantas de la calle Sierpes 40 alberga desde principios del siglo XX una de las tiendas más antiguas y encantadoras de la ciudad.

Con sus centenares de elegantes cajas redondas para sombreros que construyen frágiles columnas que suben incluso por la antigua escalera de caracol, la sombrerería Maquedano invita a un viaje al pasado con su gran espejo, sus altos techos con molduras, sus escaparates con las iniciales grabadas en el cristal del fundador del comercio, sus exquisitas cenefas de azulejos y su rótulo en madera y latón... Una de las sombrererías más antiguas de España, fue creada en 1896 y opera de forma ininterrumpida desde 1908 en este mismo local, obra del arquitecto José Gómez Millán.

En el primer piso acristalado, ahora almacén, se ubicaba el taller donde los sombrereros y las forradoras desarrollaban su actividad artesana.

Hoy todavía se encuentran aquí sombreros andaluces así como modelos clásicos: panamás, canotieres, borsalinos, mascotas, boinas, pamelas...

EN LOS ALREDEDORES

Salón Llorens (10)

Calle Sierpes, 26

En el interior de la sala de juegos Salón Llorens se conserva en gran parte la arquitectura neomudéjar del antiguo cine Llorens, diseñado en 1913 por el arquitecto regionalista José Espiau.

Este local se convirtió en el lugar de moda para la sociedad sevillana de postín, simultaneando teatro, cine y conciertos, donde llegó a acoger al gran pianista Arthur Rubinstein y al concertista de guitarra Andrés Segovia.

LIBRERÍA VERBO

11

La única librería europea ubicada en un teatro

Calle Sierpes, 25
Lunes a sábado, de 10 a 20 h

En la calle Sierpes, la librería Verbo, a pesar de sus 1400 metro cuadrados, es curiosamente un lugar poco conocido para mucho sevillanos. Tiene ademas la particularidad de estar situada en el interio del antiguo teatro Imperial que fue inaugurado en 1906 con casi mi localidades, pero que cerró sus puertas en el año 1999. Después d varios años de abandono, se adaptó para su uso como librería desd 2004 hasta 2014, volviendo a reabrir sus puertas en el año 2017.

La librería ocupa todo el espacio del teatro, desde el vestíbulo al patio de butacas, el anfiteatro y el escenario. Tras la restauración, se recuperó la antigua tramoya y las molduras y hierros donde se fijaban las candilejas en el escenario. Incluso aún conserva situada en la parte más alta, en el antiguo paraíso, la cabina con dos antiguos proyectores de cine.

El teatro había sido construido en el sitio de un antiguo convento desamortizado en el siglo XIX. En sus inicios comenzó a funcionar como un café cantante donde los diferentes espectáculos de vedettes, bailarinas, cantaores flamencos... se alargaban hasta la madrugada.
Durante muchos años fue un referente de la vida cultural de Sevilla acogiendo desde las primeras proyecciones de cine mudo hasta la época de oro del cine americano y del teatro de Shakespeare al de los hermanos Álvarez Quintero.

La librería más bonita del mundo

Considerada la más bonita del mundo, la librería El Ateneo Grand Splendid de Buenos Aires (Argentina) también ocupa un antiguo teatro. Ver, de la misma editorial, la guía *Buenos Aires insólita y secreta.*

EN LOS ALREDEDORES

Papelería Ferrer: la más antigua de España y la tercera de Europa ⑫

Calle Sierpes, 5
Tel.: 954 22 64 14 - www.papeleriaferrer.es
Lunes a viernes, de 10 a 14 h y de 17 a 20:30 h y sábado de 10 a 14 h

Casi al principio de la calle Sierpes, la papelería Ferrer es la más antigua de España y la tercera de Europa. Entrar en ella es ingresar en un museo vivo sobre la escritura y la papelería clásica, que ya se adelanta en su exterior, en sus desbordados escaparates y en el rótulo en antigua caligrafía que informa del año de su fundación: 1856. En el interior, los mostradores y estanterías de época presentan un sinfín de artículos: útiles de escritura, estilográficas y tintas, bellísimos papeles húngaros, encuadernaciones francesas hechas a mano, diarios con cubiertas de piel y bronce, plumas de ganso... Siempre bajo el atento servicio de la quinta generación de la familia Ferrer, cuyos antepasados abrieron este negocio en Sevilla al perder el barco que los llevaba a Venezuela a emprender una nueva vida a mediados del siglo XIX.

LA LÁPIDA DE LA CASA DE LUIS CERNUDA ⑬

El poeta que nunca regresó del exilio

Calle Acetres, 6

Figura fundamental de la generación del 27, Luis Cernuda, uno de los poetas principales de Sevilla, nació en una casa situada en el laberinto del centro histórico, muy cerca de la calle Cuna. Para recordarlo en su fachada se colocó un azulejo con su fecha de nacimiento, 21 de septiembre de 1902, y una lápida que recoge un fragmento del poema *El Tiempo*: «*Recuerdo aquel rincón del patio en la casa natal, yo a solas y sentado en el primer peldaño de la escalera de mármol...*». Gracias a una campaña ciudadana, el inmueble fue protegido institucionalmente, salvándolo del olvido y de la ruina.

Esta era una típica vivienda unifamiliar de la clase media sevillana de la época, con tres plantas que se distribuyen en torno a un patio y no solo pasaría a la historia de la literatura por ser la casa natal del escritor, sino por haber inspirado *Ocnos*, una de sus obras fundamentales.

Su vida en esta casa marcó profundamente al poeta. La nostalgia por los lugares de la niñez se refleja en los diferentes espacios de la casa, que son físicos y espirituales a la vez, el patio como ecosistema de sus recuerdos, la azotea donde se despliegan los atardeceres estivales, los balcones por donde llega la vida del exterior, la fuente, las habitaciones, el zaguán... Todas estas imágenes se vuelcan melancólicamente en *Ocnos*, su obra de madurez publicada en Londres en 1942 por la editorial *The Dolphin*, que incluía 31 poemas escritos en los dos años anteriores.

Aquí pasó su infancia hasta que en 1914 su estricto padre militar fue destinado al cuartel de Zapadores en el barrio del Porvenir. Al morir su padre en 1920 la familia regresó al centro de la ciudad, a una pequeña vivienda en la calle del Aire, muy cerca de las columnas romanas de la calle Mármoles (ver página 102).

Cernuda tuvo que exiliarse en 1938 de un país golpeado por la Guerra Civil, donde participó activamente en favor del Gobierno republicano, llegando a luchar con el batallón Alpino en la sierra de Guadarrama (Madrid). La nostalgia de su país y el rechazo por su condición homosexual le acompaña durante un exilio del que nunca volvió, primero en Inglaterra, después en Estados Unidos y finalmente en México donde falleció en 1963. Allí reposan sus restos en el cementerio de Panteón Jardín.

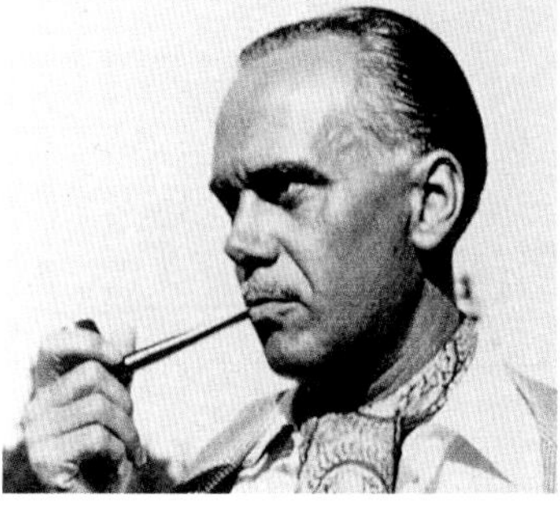

Hay destinos humanos ligados con una ciudad o con un paisaje. Así lo dejó escrito el poeta que nunca volvió a Sevilla. Y que nunca la olvidaría.

EL TOSTADERO DE CAFÉ SAIMAZA ⑭

La publicidad del introductor del café de Colombia en España

Calle Goyeneta, 9

En el laberinto de calles del centro de la ciudad se esconde uno de los mejores ejemplos de publicidad comercial de la primera mitad del siglo XX. En calle Goyeneta 9, en una casa de decoración neobarroca proyectada en 1925, se ubicaron las oficinas y el tostadero del café Saimaza, una de las etiquetas icónicas de Sevilla.

En sus fachadas se despliegan dos pares idénticos de mosaicos cerámicos en tonos blancos y azules que representan escenas de aire colonial, en las que se planta, se recolecta y se sirve café, así como un zócalo con el nombre del propietario, realizados por la famosa fábrica de cerámica trianera Mensaque. Aparece también el lema *aroma concentrado*, eslogan que en sus últimos años se convertirá en *el café de los muy cafeteros.*

La marca Saimaza hacía referencia al apellido de Joaquín Sainz de la Maza, un emprendedor de origen cántabro que en 1908 se embarcó en el negocio del café en la capital andaluza. Solo 25 años más tarde se contaría como el tercer importador nacional de este grano, siendo el introductor del café de Colombia en España.

La marca dejó de fabricarse en Sevilla en 2013.

Patrimonio de la publicidad cerámica sevillana

Sevilla fue un referente histórico de la fábrica de cerámica, en la que una parte destacable tuvo un uso comercial y publicitario. La treintena de ejemplares de paneles publicitarios que han llegado hasta nuestros días son una muestra antropológica de las costumbres y usos de una época, además tener un alto interés artístico.

El panel por excelencia de la ciudad es el de *Studebaker* (Tetuán, 9), pintado por Enrique Orce Mármol para la fábrica de la viuda e hijos de Ramos Rejano en el año 1924. Además de los rótulos existentes en la calle Alfarería de Triana donde se ubica el Centro de la Cerámica (ver página 200), pueden mencionarse el de los *Seguros Velázquez*, también de Mensaque, y el de la *Armería Z* realizado por José Ruesga en 1945, ambos en la calle Sierpes, los anuncios en la fachada del bar Los Claveles (plaza de los Terceros), y quizás uno de los más emblemáticos y antiguos la *Alegoría del comercio* pintado por José Recio hacia 1915 (Rioja, 1).

LAS COLUMNAS DEL PATIO DE LA ANTIGUA MEZQUITA DE IBN ADABBÁS

La memoria sagrada

Calle Córdoba, 3
www.iglesiadelsalvador.es
Visita guiada cripta y cubiertas: www.engranajesculturales.com

A la derecha de la torre campanario de la iglesia del Salvador se abre un pequeño pasadizo que da acceso a un recoleto patio rodeado de arcos soportados por 10 columnas con capiteles romanos y visigodos. Las columnas están enterradas hasta su mitad, atestiguando el nivel original del patio, unos 3 metros más abajo de la cota actual: el lugar corresponde al antiguo patio de abluciones (el *sahn*) de la mezquita de Ibn Adabbás.

Construida por el cadí o juez islámico Ibn Adabbás en el año 829 fue la principal mezquita de Sevilla hasta la inauguración, en 1182, de la nueva mezquita mayor, en el lugar donde después se edificó la catedral. Solo 14 años después de su fundación, en la mitad del siglo IX, fue incendiada por los vikingos que, tras subir con sus barcos por el Guadalquivir, atacaron Sevilla.

Tras la conquista cristiana de Sevilla en el siglo XIII, las mezquitas mejor conservadas fueron entregadas a la Iglesia.

La mezquita sufrió así pequeñas adaptaciones decorativas y durante cuatro siglos fue utilizada como iglesia del Divino Salvador, hasta que en 1671 se produjo su demolición por su estado ruinoso. La edificación del actual templo barroco se concluyó en 1712 a manos del arquitecto Leonardo de Figueroa.

Otros vestigios de la mezquita

En el patio, la parte inferior de la torre-campanario de la iglesia del Salvador corresponde al **alminar** de la mezquita, que perdió su parte superior en el terremoto de 1356.

Las dos excepcionales **aldabas** de bronce de la puerta principal de la mezquita se encuentran en la puerta de la sala de exposición de la Hermandad Sacramental del Salvador, ubicada en el mismo patio. Cada aldaba hexagonal es sostenida por las fauces de un felino, cuya cabeza se apoya en una moldura en forma de pirámide octogonal, fijada a la puerta por un polígono estrellado.

La certeza del año de la construcción de la mezquita se debe a la pervivencia de la inscripción árabe más antigua conocida de Al Andalus, hallada en la **columna fundacional** de la mezquita. Hasta su demolición permaneció en la sala de oración este fuste de mármol gris verdoso que procedía de algún edificio romano y que tras la conquista castellana se cristianizó grabando el anagrama de una cruz sobre una bola del mundo. Hoy puede admirarse en el Museo Arqueológico donde descansa tras tantos avatares.

En la interesante visita a la cripta de la iglesia del Salvador, puede accederse a los **sillares de las columnas** de la mezquita. La pieza principal de esta sala es una lápida que originariamente estaba incrustada en la torre, con una **inscripción** que hace mención a las reformas emprendidas por el rey poeta Almutamid tras el terremoto de 1079. Y en la cercana plaza del Pan (ver página 92) se fueron adosando tenderetes a los muros de la mezquita, que con el tiempo quedaron fosilizados en las pequeñas tiendas actuales, alguna de las cuales incorporan **columnas** de origen romano procedentes del edificio musulmán.

LAS COLUMNAS DE LA PLAZA DEL PAN

16

Ecos del antiguo zoco islámico

Plaza de Jesús de la Pasión

Adosadas al muro trasero de la iglesia del Salvador, se encuentran una serie de minúsculas tiendas: están bajo soportales abovedados que sostienen columnas de mármol.

Son 22 fustes en total de origen romano y visigodo. Proceden de la antigua mezquita de Ibn Addabás (ver página 90) que reutilizó estos elementos cuando fue construida en el siglo IX.

De hecho toda esta zona era parte de lo que fue el Foro romano, centrado en la cercana plaza de la Alfalfa, donde se desplegaba una enorme actividad comercial que se intensificó en la época musulmana cuando se instaló el zoco anexo a la mezquita que da lugar a esta plaza.

Tras la conquista cristiana en el siglo XIII, pasó a denominarse plaza de los Poyos de las Hogazas y plaza de las Tahonas, en clara alusión a la venta y fabricación de pan, pero no es hasta el siglo XVII que adopta el nombre con el que se le conoce popularmente: plaza del Pan.

Aquí se ubicaban los panaderos de Alcalá de Guadaíra y de los Alcores. El escritor Blanco White en sus Cartas de España narra este trasiego a finales del XVIII: *«Unos sesenta hombres y doble número de mulas salen de Alcalá todos los días en dirección a Sevilla, donde permanecen hasta la tarde en la plaza del Pan...»*.

El muro de la mezquita

En el interior de la tienda del número 11 de la plaza se puede ver el muro original de la mezquita de Ibn Addabás, que a ras de suelo presenta una tronera, una pequeña ventana alargada que sobresale del resto del edificio soterrado unos 3 metros.

Gremios medievales en el callejero sevillano

El zoco se extendía por las actuales plazas del Pan, del Salvador y de la Alfalfa. La cercana calle Alcaicería deriva de una antigua alcaicería islámica, donde se vendían productos para el consumo, la salud y la higiene personal. Nombres actuales de calles como Lineros, Boteros, Herbolario, Odreros, Cedaceros... certifican la importancia de oficios y gremios, en las que alguno como el de los zapateros ha llegado increíblemente hasta la actualidad. De hecho la calle Córdoba se llamaba, en el siglo XVI, Zapateros de lo Viejo.

LA MÁQUINA BALANCÍN DE CURRO

17

El último ejemplar público de la mascota de la Exposición Universal de 1992

Jardilín
Calle Francos, 15
Lunes a sábado, de 10 a 21 h

Todos los días laborables, a las 10 de la mañana, los propietarios de Jardilín, tienda dedicada a la moda de bebé e infantil desde 1968, sacan a la puerta de su negocio el último ejemplar en activo en la ciudad de la máquina balancín de Curro, la mascota de la Expo 92. En la memoria de todos los sevillanos y visitantes de cierta edad, tiene un lugar destacado este icono que el diseñador checo Heinz Edelmann (1934-2009) concibió como emblema de la Exposición Universal de Sevilla en 1992. Edelmann era mundialmente conocido por ser el responsable del diseño de la película *El submarino amarillo* (1966), donde este mago de la psicodelia pop dibujó las caricaturas más conocidas de The Beatles.

Curro era una especie de dinosaurio blanco con patas de elefante, una gran cresta y una enorme nariz cónica multicolor como si fuera un arcoiris, en referencia a los cinco continentes. El impacto de la mascota fue enorme, teniendo un amplísimo desarrollo iconográfico y en multitud de elementos de *marketing*, como esta máquina balancín, por lo que no es extraño ver a menudo personas fotografiándola para recordar los tiempos pasados.

El retiro de la mascota

En situación de descanso y retirados de la circulación como una estrella del espectáculo después de su ajetreada vida, más de cien Curros reposan en un almacén de antigüedades de Alcalá de Guadaíra (Sevilla). Las máquinas balancín, aún en funcionamiento, están a la venta en la empresa Romano Antigüedades junto a diversos elementos decorativos de la Expo 92 que se obtuvieron en la gran subasta que tuvo lugar cuando terminó la exposición universal.

LA LÁPIDA DE CROMBERGER

18

El lugar de donde partió la primera imprenta hacia América

Calle Pajaritos, 7

En el número 7 de la calle Pajaritos, una antigua lápida muestra un texto con una bola, que simboliza el mundo, coronada por una cruz con las iniciales IC. La lápida recuerda que fue aquí mismo donde se encontraba en el siglo XVI una de las imprentas más importantes de toda España, de donde partió la primera imprenta hacia América. IC es una referencia al alemán Jacobo Cromberger que, en 1511, estableció aquí su taller tipográfico. Conocida a partir de ese momento como de la Imprenta, la calle mudó su nombre en el siglo XVII por el de Pajaritos, en referencia a una conocida taberna mencionada por Tirso de Molina en su famosa comedia *El Burlador de Sevilla*.

Con el establecimiento de la Casa de Contratación en 1503, que regulaba todo el comercio y la navegación con los territorios ultramarinos, Sevilla se convirtió en un importantísimo núcleo de comunicaciones.

Un año antes, Jacobo Cromberger, oriundo de Nuremberg, se había establecido en la ciudad como impresor, editor y vendedor de libros: en 1502 imprimió *La Tragicomedia de Calisto y Melibea*, la popularísima obra de Fernando de Rojas. Así se inició una saga de grandes tipógrafos sevillanos de origen alemán.

Con su hijo Juan, Jacobo Cromberger de Sevilla se especializó en todo tipo de ediciones: algunas menores como pliegos sueltos, certificados, indulgencias e impresos como los cordeles de ciegos que eran vendidos por estos mientras recitaban noticias y romances. Pero también imprimió volúmenes de importancia sobre religión, filosofía (como varias obras del reformista Erasmo), poesía, historia, medicina, navegación (como el famoso *Tratado de la esfera y el arte de marear*) y libros de caballerías (entre otros el *Amadís de Gaula*).

En 1525 los Cromberger consiguen el privilegio para la exportación de libros al Nuevo Mundo. No es hasta junio de 1539 que establecen su imprenta en la Ciudad de México a través de un operario suyo de origen italiano de nombre Juan Pablos.

Suma de geographia q̃ trata de todas las partidas ⁊ prouincias del mundo: en especial delas indias. ⁊ trata largamẽte del arte del marear: juntamẽte con la espera en romãce: con el regimiẽto del sol ⁊ del norte: nueuamente hecha.

Con preuilegio real.

COLECCIÓN DE ARTE ORIENTAL DE LA CASA DE LOS PINELO (19)

Japón y China en Sevilla

Real Academia de Bellas Artes de Santa Isabel de Hungría
Calle Abades, 14
Tel.: 954 22 11 98
rabasih@insacan.org
Lunes a viernes, de 10:30 a 12:30 h
Visitas nocturnas periódicas

El extraordinario palacio renacentista de la Casa de los Pinelo alberga una de las mejores colecciones de arte japonés y chino de España, que, curiosamente, es desconocida: más de dos centenares de objetos de China y Japón, entre los que se encuentran pinturas, esculturas, cerámicas, platería..., la mayoría de los siglos XVIII y XIX.

Destaca en la colección la imagen en bronce de Kannon Bosatsu, con ocho pares de brazos, representando en el budismo la búsqueda de la suprema iluminación, así como una pareja de dragones en bronce (Ryu). Hay que resaltar pinturas chinas de gran contenido simbólico y de influencia taoísta como la obra de Chou Chimian del siglo XVI, titulada *Aves del paraíso y flores*. Entre las obras japonesas destacan una hoja del álbum de dibujos de Hokusai (1769-1849), el autor de la famosísima *La gran ola*, la colorista escena de teatro Kabuki de Kunichika (1874) así como una pintura de Shunrai sobre el monje Daruma.

Todos los objetos fueron donados por el padre Fernando García Gutiérrez de la Compañía de Jesús en 2002 a la Real Academia de Bellas Artes de Sevilla.

La conexión de los jesuitas con Japón se remonta varios siglos atrás cuando su fundador desembarcó en tierras niponas en 1549 en misión evangelizadora.

Los samurais que llegaron para quedarse

En diciembre del año 1614 llegó a Sevilla, después de recalar en Veracruz (México) y La Habana (Cuba), el galeón que portaba desde el lejano Japón la misión diplomática comandada por el samurai nipón Hasekura Tsunenaga, que llegaría a ser bautizado como Felipe Francisco Faxecura. Este portaba un mensaje de amistad dirigido a Felipe III en un rollo de papel de arroz ilustrado que se conserva en el Archivo de Indias de Sevilla.

La expedición traía, según relatos de la época, *«treinta hombres con cuchillas, con su capitán de la guardia, y doce flecheros y alabarderos con lanzas pintadas»*. La nave tocó tierra en Coria del Río donde se desplazaron representantes del Ayuntamiento para acompañarlos a Sevilla por tierra. Los ilustres visitantes *«nunca tocaban la comida con sus dedos, sino que usaban dos pequeñas varas que ellos sujetaban con tres dedos»*, como se comentó.

Algunos de los integrantes de aquella expedición decidieron quedarse en Coria, donde sus descendientes, se calcula que unos 700, aún mantienen el apellido Japón, y donde se encuentra una estatua del samurai mirando al río Guadalquivir.

LOS AZULEJOS DE OLAVIDE

20

El sueño ilustrado del gran alcalde de Sevilla

Esquina calle Abades y calle Segovia

El cruce de calles donde se localiza el palacio renacentista de la Casa de los Pinelo puede ser un buen lugar para ver una muestra de los curiosos azulejos que Pablo de Olavide, asistente de la ciudad de Sevilla, mandó instalar a finales del siglo XVIII para identificar los elementos urbanos de la ciudad.

En este lugar pueden encontrarse los tres tipos de esta señalización barroca: los que indican el cuartel, barrio y manzana correspondiente, los que hacen referencia al nombre de la calle o plaza (en este caso la calle Abades Alta), y por último, los que indican el número de cada casa.

Todas estas losetas de cerámica fueron realizadas artesanalmente, con fondo blanco y un marco de azul cobalto, encabezadas por una cruz de

Malta y la misma tipografía en letras negras hechas con manganeso. Su diseño uniforme y limpio les aporta un halo de modernidad evidente. Tristemente hoy quedarán apenas un centenar de los miles que se colocaron en su momento.

Los azulejos reflejan el moderno programa de organización racional ilustrada de la ciudad que Olavide intentó llevar a cabo con la promulgación en 1769 de una Real Cédula. Están relacionados directamente con el primer plano completo de la ciudad de Sevilla que encargó al ingeniero Francisco Manuel Coelho en 1768 y que fue editado en 1771.

Hasta ese momento la ciudad se organizaba de forma bastante anárquica en collaciones parroquiales, sin apenas cambios desde la época medieval. Esta intervención renovadora de Olavide, que sigue el ejemplo de Madrid, dividió la ciudad en cinco cuarteles: A, B, C, D y Triana, cada uno de ellos al mando de un alcalde, y cada cuartel dividido en ocho barrios y estos, a su vez, en manzanas.

Pablo de Olavide

Pablo de Olavide y Jáuregui (1725-1803) nació en Lima (Perú) y desde muy joven destacó como jurista y político. En París, donde vivió una larga temporada, frecuentó a Voltaire y Diderot y se empapó de las nuevas corrientes ilustradas. En 1767 fue nombrado por el rey Carlos III como Asistente de Sevilla, donde chocó con los elementos más tradicionales de la ciudad. Fue condenado por la Inquisición en 1778 y se quiso borrar la memoria de todo lo que había hecho. Así se destruyeron todas las copias que se hallaron de su plano. Pero a principios del siglo XX se encontraron afortunadamente en un baratillo cuatro planchas del plano destinadas a venderse por cobre viejo.

LAS COLUMNAS ROMANAS DE LA CALLE MÁRMOLES

(21)

El lugar de donde salieron los fustes de la Alameda de Hércules

Calle Mármoles, 1

En la confluencia entre las calles Mármoles y Aire se esconden tres grandes columnas de 9 metros de altura que aparecen de forma sorpresiva en un pequeño solar hundido rodeado de edificios. En el siglo XVI se hallaron aquí los restos monumentales de un edificio romano formado por seis columnas de granito sobre basa de mármol blanco.

Aunque tradicionalmente se han considerado las columnas como parte de un templo o un pórtico de una plaza, la función del edificio original sigue siendo un misterio en nuestros días.

De las seis columnas originarias se sacaron dos de ellas en 1574 para su colocación como pórtico de lo que fue el primer jardín público europeo: la alameda de Hércules (ver abajo). La obra de ingeniería para la extracción y traslado de las columnas fue un reto descomunal para la época, 12 años antes de que se erigiera el obelisco egipcio en la plaza de San Pedro en Roma. Un tercer fuste se partió cuando era trasladado al Alcázar: se dice que pudiera estar enterrado en el entorno de la Giralda.

Las tres columnas restantes permanecieron embutidas en una casa de patio hasta que esta fue demolida por el Ayuntamiento de Sevilla a finales del siglo XIX.

Columnas romanas originarias de Turquía

Pero lo más sorprendente es su lugar de procedencia: recientes estudios lo sitúan en la región de Troya, en la actual Turquía, lo cual implicaría su transporte en barco por todo el Mediterráneo y su ascenso por el Guadalquivir.

Desde al menos el s. XV esta calle es conocida como *de los Mármoles* por estos fustes. En el azulejo de la época de Olavide (ver página 100) aparece en el rótulo como calle del Mármol.

EN LOS ALREDEDORES

Las estatuas de Hércules y Julio César

Alameda de Hércules

Las dos columnas trasladadas para adornar la alameda de Hércules fueron coronadas por las efigies en piedra de los fundadores míticos de la ciudad: Hércules, que da nombre a la plaza y que según la leyenda inspiró la ubicación de la villa y Julio César, artífice de las murallas que la protegían cuando fue cuestor de la provincia entre los años 68 y 65 a.C., y que le otorgó el nombre de Colonia *Julia Romula Hispalis*. Ambas estatuas salen de la mano del escultor Diego de Pesquera, quien para Hércules tomó como modelo al emperador Carlos V y para Julio César a Felipe II.

CABEZA DEL REY DON PEDRO

㉒

El monarca que se condenó a muerte a sí mismo

Calle Cabeza del Rey Don Pedro, 30

En el número 30 de la calle que lleva su nombre, una hornacina acoge un busto del rey Pedro I (1334-1369). La estatua recuerda la historia del rey que se condenó a muerte a sí mismo.

Según cuenta la leyenda, el monarca en una de sus correrías nocturnas se encontró con un Guzmán, familia del conde de Niebla, partidario de los Trastámara y por tanto enemigo declarado, al que dio muerte en esta oscura calleja. Una anciana vecina se asomó con un candil al sentir la lucha, reconociendo al rey. La muerte de un noble exigía de la justicia real la decapitación del asesino y la exposición pública de su cabeza en el lugar del crimen. Convocada la anciana como testigo, señaló temerosa y en privado al rey. De forma secreta se determinó la muerte del culpable, ordenando la colocación de una caja de madera con su cabeza, con la advertencia de pena de muerte al que osara abrirla.

Pero el secreto se mantuvo por poco tiempo. En 1369, ocho años más tarde de estos acontecimientos, el rey Pedro I fue muerto por su hermano bastardo Enrique, que le sucedería como rey de Castilla. Tras decapitarlo, su cabeza fue paseada clavada en una lanza por las ciudades que aún le eran fieles. Con el tiempo su cuerpo acabó reposando en la Capilla Real de la catedral sevillana.

Lo primero que hicieron los Guzmanes después de la muerte de Pedro I fue abrir la caja para comprobar la identidad del asesino. La sorpresa fue enorme al aparecer allí el busto en piedra del rey. Como escarnio se decidió que esta efigie continuara expuesta a lo largo de los tiempos.

Para ver el busto original, es necesario asomarse al apeadero de la casa de Pilatos (ver página 116), cuyo propietario Fernando Enríquez de Ribera lo adquirió al derribarse en 1590 la casa donde estaba. Más tarde, en 1630, se encargó al escultor Marcos Cabrera la estatua actual de la calle Cabeza del Rey Don Pedro, con corona, cetro real y la mano sobre la espada.

La denominación de la calle Cabeza del Rey Don Pedro y de la calle Candilejo (aquella desde donde se asomó la anciana) perpetúa la memoria de la historia y del mito a lo largo de los siglos.

Pedro I de Castilla fue conocido alternativamente como *El Cruel* y como *El Justiciero*. Depende si lo citaban amigos o adversarios, en el marco de la guerra fratricida con Enrique de Trastámara, su hermano bastardo nacido en Sevilla. Fue un rey importante para la ciudad donde dejó edificios tan significativos como los Reales Alcázares. Protector de la comunidad judía, reorganizó la administración de la justicia y fomentó la agricultura y la ganadería.

TORRE DE LOS DESCALZOS

23

El campanario escondido que recuerda a una iglesia ortodoxa rusa

Calle Descalzos, 3

Desde la esquina de la plaza del Cristo de Burgos que linda con la calle Descalzos, hay que levantar la vista hacia los tejados del caserío del barrio para ver surgir una curiosa torre campanario más propia de una iglesia ortodoxa rusa.

La torre campanario, quizás la más oculta de la ciudad, era parte del antiguo templo del convento de los Trinitarios Descalzos, erigido en el año 1625 bajo diseño de Juan de Segarra y dedicado a la Virgen de Gracia. Destruido en el siglo XIX, este gran convento se ubicaba entre las calles Dormitorio y Descalzos.

Sobre el origen de esta peculiar cúpula de forma bulbosa, decorada con brillantes azulejos de azul cobalto, se cuenta la leyenda de un fraile lego de origen ruso que, nostálgico de los templos de su lejana patria, fue el responsable de su construcción en el siglo XVIII. Este tipo de cúpula era muy frecuente en la arquitectura bizantina que se expandió principalmente por Rusia y por Alemania. Su forma se consideraba en algunos casos como una reminiscencia de la iglesia del Santo Sepulcro en Jerusalén y también como un símbolo de las llamas de las velas encendidas.

También es conocida como 'torre del ajedrez', seguramente por los pináculos que la adornan que se asemejan a peones y alfiles de este juego.

Tras la desamortización del convento en 1836, su fachada fue derribada y parte del edificio convertido en viviendas. La iglesia, de la que durante la ocupación francesa ya habían desaparecido unas magníficas pinturas de Murillo cuyo paradero se desconoce, estuvo en uso para el culto hasta la Revolución de 1868, cuando el inmueble fue cedido por el Ayuntamiento al Club Popular del Café de Emperadores. A finales del siglo XX, la torre fue restaurada por el Ayuntamiento y el edificio adquirido por la Hermandad del Santísimo Cristo de Burgos.

Del convento queda hoy en día solo la torre, que no es visitable.

Las iniciales de las cuatro puertas principales de la ciudad

Una leyenda señala que el prior del convento decidió que un jeroglífico de cuatro letras (M, J, C y T) se colocara en azulejos en las cuatro caras de la torre. Al parecer el jeroglífico, no visible en la actualidad (se desconoce qué pasó con él), no haría referencia a ningún versículo bíblico, sino a las iniciales de las cuatro puertas principales de la ciudad: Macarena, Jerez, Carmona y Triana. Como una peculiar rosa de los vientos para orientar a los vecinos en el laberinto del barrio.

PILA DEL PATO

24

La fuente nómada

Plaza de San Leandro

En una tranquila plaza frente al convento de San Leandro y bajo la sombra de uno de los árboles más antiguos de Sevilla, descansa una de las fuentes con más solera de la ciudad.

Y puede decirse que descansa porque esta fuente en mármol no ha parado de viajar por toda la ciudad durante más de 200 años.

La Pila del Pato, de la que no se conoce su autor, se compone de una alberca en cuyo centro se alza un balaustre que sostiene dos tazas circulares dispuestas en altura, ornada con formas animales y decoración de aire renacentista, todo rematado por un pato de bronce que le da nombre al conjunto.

La historia comienza en 1833 cuando se encargó realizar una fuente para sustituir a la de Mercurio en la plaza de San Francisco, que fue fundida por el maestro renacentista Bartolomé Morel, responsable asimismo de la veleta que corona la Giralda, el famoso Giraldillo. Su lugar lo ocupó la Pila del Pato que más tarde mudaría de sitio dentro de la plaza para no entorpecer el incipiente tráfico de vehículos.

Allí estuvo pocos años, ya que en 1885 la fuente tuvo que migrar a la alameda de Hércules muy cerca de las columnas de los leones. Los habitantes del barrio la hicieron suya y por sus calles corrían historias acerca de las propiedades mágicas del agua que surtía. Al parecer daba fortuna a los toreros en busca de fama.

Allí aguantó hasta los años 50 del siglo XX, cuando fue trasladada a la zona próxima al prado de San Sebastián en 1953, cerca de la antigua estación de autobuses. En esos años en el prado se ubicaba la Feria de Abril y la Pila del Pato se convirtió en punto de cita para los sevillanos. Así cantaba el famoso intérprete de sevillanas de la época, Francisco Palacios «El Pali»: *En la pila del pato, mi alma, te he conocido.*

Una nueva vuelta del destino hizo que la fuente tuviera que ponerse otra vez en movimiento. La ampliación de los juzgados y la necesidad de sitio para aparcamientos impusieron que, en 1966, fuera desmontada de nuevo y enviada a la plaza de las Mercedarias, antes de recalar de forma definitiva, por ahora, en su actual ubicación en la plaza de San Leandro.

EL GUARDACANTÓN DEL DUENDE

(25)

El pícaro guardián de la casa

Calle Imperial con Ensenada

En el primer tramo de la calle Imperial, entrando por la plaza de San Leandro, una plancha metálica que guarda la esquina del edificio incluye un relieve con la figura sonriente y pícara de un duende, bajo el cual se lee la leyenda: *Fundición de Hierro de E. Balbontín.*

Con la popularización de los carruajes para el transporte de pasajeros o mercancías en las ciudades, debían protegerse las esquinas de los edificios, sobre todo aquellos situados en las calles más estrechas y transitadas: no era extraño que muchas casas fueran afectadas seriamente por el roce continuo de las ruedas, llegando incluso a producir daños sobre las personas.

Estos elementos, conocidos también como guardacantos o cantoneras de esquina, han adoptado en la historia todo tipo de formas, reciclando materiales que se consideraban inservibles en ese momento y que con el tiempo han llegado incluso a convertirse en referencias arqueológicas.

Así, es posible encontrar columnas de mármol de todas las épocas (como la que se conserva en la Casa de la Moneda, ver página 225) o cañones de bronce con la boca hacia abajo. También se usaron, en otras poblaciones, desde piedras miliarias romanas a raíles de tren o tranvía. En las puertas de las casas importantes con paso de carruajes estas piezas se encuentran diseñadas en piedra, mármol o metal. Otro elemento usado con profusión en los muros de las casas señoriales sevillanas son las enormes ruedas de molino (ver página 178), siempre usadas para evitar el desgaste ocasionado por los ejes de los carruajes.

También pueden encontrarse duendes de metal en otras esquinas sevillanas como las de las calles Jimios, Harinas y Duende (qué oportuna la imagen para el nombre de esta calle, llamada así al menos desde 1784).

Fundada en 1864, la empresa Balbontín, Orta y Cía. se especializó en la fabricación de maquinaria agrícola y tuvo su sede en el entorno de la calle Goles, cerca del río y del ferrocarril, como otras fundiciones de la ciudad.

CORRAL DEL CONDE

(26)

Un oasis urbano escondido

Calle Santiago, 27
Entrada libre: miércoles, de 10 a 14 h
En otros momentos el portero no suele dejar entrar

Ocupando un gran solar con fachadas a las calles Santiago, Av María y Azafrán, el Corral del Conde es uno de los último vestigios de un modo singular de arquitectura popular, quizás el má grande e interesante de los que existían.

Por su estructura en L y sus galerías de madera al estilo de lo antiguos corrales de comedia, se puede ubicar en el siglo XVIII, aunqu pueden encontrarse reminiscencias de su origen islámico como en otro corrales sevillanos.

Como en las casas moriscas, la entrada no es directa sino lateral, a través de un codo y con una sola puerta de entrada que garantizaba la seguridad y aislaba del exterior. Un oasis urbano escondido.

El patio era el espacio central de socialización y convivencia y también el lugar donde se ubicaban los servicios colectivos de los que carecían las modestas viviendas: fuente o pozo, cocinas, lavaderos, tendederos, letrinas... y hasta un horno de pan y una pequeña capilla que se conserva actualmente.

Estas casas de vecindad, con una importante implantación en la Sevilla histórica, se distribuían alrededor de uno o varios patios, y podían ser edificios construidos a tal efecto o casas señoriales, palacios y antiguos conventos adaptados.

El lamentable estado de conservación que presentaba este corral motivó en 1983 una restauración respetuosa y su adaptación como edificio de apartamentos. En el corral a principios del siglo XX vivían alrededor de 120 familias, generalmente de escasos recursos, a menudo en régimen de alquiler y en pequeñas viviendas, con dos habitaciones como máximo, que se distribuían a través de corredores en varios pisos. Aquí vivían carpinteros, albañiles, cigarreras, herreros, carreros, lavanderas, planchadoras, costureras, criadas, zapateros, operarios de la Fábrica de Artillería o de la de Perdigones (ver página 40) y multitud de oficios más. Y por supuesto la casera, la representante del dueño, responsable de cobrar alquileres, controlar las tareas comunes, resolver los conflictos entre vecinos e incluso despedir a los inquilinos insolventes o problemáticos.

Todavía es posible imaginar los gritos de los niños jugando, la charla de los vecinos las noches de verano, alguna discusión, las celebraciones de un bautizo, los bailes por sevillanas en una Cruz de Mayo y también las lamentaciones y los pésames en el velatorio de un vecino. Los ecos de la vida antigua de la ciudad.

LA VELETA DE SANTIAGO MATAMOROS

27

La leyenda del apóstol guerrero

Iglesia de Santiago
Calle Santiago, 31
Lunes y jueves, de 11 a 13 h y de 18 a 21 h
Domingo, de 11:30 a 13 h

Coronando la espadaña de la iglesia de Santiago, una veleta de hierro forjado muestra bajo la cruz de la Orden de Santiago al apóstol a caballo atacando con su lanza a un soldado musulmán. El templo donde se ubica fue en origen una de las parroquias instauradas por Fernando III en el siglo XIII tras la conquista de Sevilla, para lo que se adaptó una mezquita preexistente para el culto cristiano que se dedicó al apóstol que, según una leyenda medieval, había evangelizado España.

Según la leyenda Santiago se apareció en sueños al rey Ramiro I de Asturias advirtiendo que iba a luchar junto a las tropas cristianas enfrentadas a las huestes de Abderramán II, para impedir la entrega del tributo anual de cien jóvenes cristianas vírgenes. Esta aparición fue señalada como la razón de la victoria cristiana en la supuesta batalla de Clavijo (La Rioja) en el año 844, donde alguno incluso creyó ver al apóstol guerrero montado en un caballo blanco y blandiendo una espada.

Además de la veleta, esta historia es representada en una gran pintura del italiano Mateo Pérez de Alesio situada a los pies de la nave de la Epístola de la iglesia de Santiago.

La Orden de Santiago surgió en el siglo XII adoptando la cruz roja con forma de espada como emblema, en recuerdo del mito del santo guerrero. Esta orden, que en sus inicios se creó para la protección de los peregrinos del Camino de Santiago, desempeñó un relevante papel en la conquista de Sevilla.

El camino jacobeo

De Santiago el Mayor, uno de los primeros discípulos de Jesús, se sabe que fue condenado a ser decapitado por orden del rey de Judea Herodes Agripa I entre los años 41 y 44. Según el enrevesado mito que está tras el origen del Camino de Santiago tras su muerte fue desenterrado por sus seguidores y embarcado en una barca de piedra para viajar milagrosamente de Palestina a Galicia.

Casi 800 años más tarde, alrededor del año 813, el obispo gallego Teodomiro en un cementerio posiblemente romano encuentra un cuerpo con la cabeza bajo el brazo, al que identificó con los restos del apóstol. Ese fue el inicio de la tercera peregrinación cristiana más importante del mundo, después de Jerusalén y Roma, según algunos una cristianización de la antigua *Vía del Finisterre*, la ruta seguida por pueblos de raíz celta hasta el pretendido fin del mundo.

EL GALLO DE SAN PEDRO

(28)

¿Las cenizas del gallo que cantó la noche en que Pedro negó tres veces a Jesucristo?

Casa de Pilatos
Plaza de Pilatos, 1
Tel.: 954 22 52 98
www.fundacionmedinaceli.org/monumentos/pilatos/
De noviembre a marzo, de 9 a 18 h; de abril a octubre, de 9 a 19 h
Entrada gratuita: lunes, de 15 a 19 h

La magnífica Casa de Pilatos ofrece todo un repertorio de objetos artísticos e históricos de interés, entre los que no faltan secretos y elementos insólitos. Uno de ellos es una curiosa tabla pintada al óleo con un gallo que se encuentra encerrada en una reja de hierro enmarcada en la pared de azulejos renacentistas de la escalera que lleva a la primera planta.

Según se cuenta, tras la tabla se encontraría una urna con las cenizas del gallo que cantó la noche en que Pedro negó tres veces a Jesucristo. Esta sería una de las reliquias que el propietario del palacio, Fadrique Enríquez de Ribera, marqués de Tarifa, trajera consigo después de su peregrinación a Jerusalén en el siglo XVI.

Nacido en el seno de dos de las familias nobles más importantes de Andalucía, Fadrique Enríquez participó con su padre en la toma de Granada, donde fue armado caballero con 16 años. Ya en la madurez decidió acometer la peregrinación a los santos lugares donde transcurrió la pasión y muerte de Jesús para lograr las indulgencias prometidas. El viaje duró casi dos años, de 1518 desde Bornos (Cádiz) para finalizar en Sevilla en 1520. Acompañado por un séquito formado por su mayordomo, un capellán y ocho criados, pasó por Valencia, Marsella, Milán, para embarcar en Venecia hacia Rodas y Chipre y llegar al puerto de Jaffa.

De esta experiencia nació el libro *Viaje a Jerusalén*, editado en 1521 en la imprenta de la propia Casa de Pilatos, una auténtica guía para futuros peregrinos donde anotó todo lo que vio y lo que le aconteció. Tras el desembarco en Tierra Santa, territorio en manos turcas, los musulmanes les cobraban por todo lo imaginable. El emocionado peregrino fue paseado por lugares tan increíbles como ruinosos : el lugar donde Pilatos se lavó las manos, donde se asó el cordero para la última cena, la roca con las huellas de Jesús, el agujero del madero de la cruz... y se le presentaban todo tipo de reliquias, clavos, pedazos de la cruz, huesos de santos..., y quién sabe si una urna con las cenizas del famoso gallo.

En su libro refiere que uno de los lugares que le enseñan los moros, y donde le cobran religiosamente la entrada, sería la presunta casa de Caifás *«donde dicen que estaba el fuego, donde san Pedro negó a Cristo... y a la puerta una ventanilla, donde dicen que estaba el gallo»*.

SÍMBOLOS MASÓNICOS EN LA IGLESIA DE SAN ESTEBAN

29

El compás, la escuadra, la regla y el mazo

Calle San Esteban, 1
Martes y jueves, de 18 a 20:30 h

En la recoleta capilla sacramental de la iglesia de San Esteban, un enigmático secreto se muestra a la vista de cualquier visitante: si se observa con detenimiento el dorado retablo barroco del siglo XVII presidido por una Inmaculada, al pie de las dos columnas que la flanquean aparecen grabados en la madera unos símbolos de evidente ascendencia masónica. En la base de la columna de la derecha, en el centro de un círculo formado por volutas de madera se observan claramente las figuras cruzadas del compás y la regla y en la de la izquierda se muestra la escuadra cruzada con el mazo.

Si de forma independiente estos elementos simbólicos se relacionan con la masonería como una posible marca del desconocido artesano constructor del retablo, al mostrarse en pares cruzados la referencia todavía es más directa, ya que estos podrían asociarse al tránsito del grado de aprendiz al de compañero.

Estos símbolos son algunos de los más significativos del lenguaje de metáforas arquitectónicas propio de la masonería, que de hecho son signos que usaban los constructores de catedrales.

El primer par está compuesto por el *Compás* que simboliza la perfección, donde los puntos de la circunferencia son los hombres y el centro representa al masón que debe portar la luz de la verdad y los beneficios de la ciencia, y la *Regla*, símbolo de la rectitud en el cumplimiento de los deberes morales y el sentido ético, así como de la moderación y la templanza. El segundo par lo componen el *Mazo*, que simboliza la constancia, la resistencia y la voluntad y la *Escuadra*, que representa el orden y los límites que deben tener las acciones humanas. Cada herramienta lleva una carga simbólica que hace referencia a los valores que el masón debe incorporar en su vida diaria.

Iglesia de San Esteban

La iglesia de San Esteban fue una de las primeras parroquias de Sevilla tras la conquista cristiana. En su origen se estableció sobre una mezquita reutilizada y sus transformaciones más importantes se deben a sendos terremotos, primero su reconstrucción en el siglo XIV como iglesia gótico-mudéjar y, más tarde, en 1755, su restauración como templo barroco. Son muy destacables los siete cuadros realizados por Zurbarán que se ubican en el presbiterio, donde se cuenta además con una magnífica mesa de altar en ladrillo en cuyo frontal muestra un alicatado mudéjar del siglo XIV hallado durante unas obras realizadas en la capilla mayor.

EL PROYECTIL DEL CANTÓN ANDALUZ

30

Las barricadas de la puerta de Carmona

Calle Mosqueta con San Esteban

En la esquina entre las calles Mosqueta y San Esteban puede observarse un proyectil de cañón enclavado en la pared, como en una pequeña hornacina. Esta bomba fue hallada por el propietario de la vivienda en su restauración en los años ochenta y se ubicó en el muro de la casa, a cuya altura se ubicaba la desaparecida puerta de Carmona.

Al parecer el proyectil procede del bombardeo que efectuó el general Manuel Pavía contra los sublevados del cantón andaluz de Sevilla, cuya defensa más fuerte se hizo en el barrio de San Bartolomé entre las puertas de la Carne y de Carmona a finales del siglo XIX. Aquí mismo se ubicaban las barricadas erigidas por los vecinos y por los voluntarios de la República, con sus gorras rojas y sus alpargatas de esparto.

El proyectil es de tipo cilindro-cónico, oblongo y con estrías, una innovación adoptada en la artillería española a partir de 1858, con la que se aseguraba una mejor dirección y mayor distancia. Como antes todas las bombas eran esféricas, cuando se empezó a usar ese tipo de proyectil se le llamó coloquialmente, por su forma, 'pepino' o 'pepinazo', término que pervive hasta nuestros días.

La corta historia del cantón sevillano

La revolución cantonal se inició en España en junio de 1873, principalmente en Andalucía y Levante, tras la proclamación de la Primera República española. El cantón se proclamó para reclamar mayor descentralización administrativa y demandas de reforma social, como la jornada laboral de 8 horas o el derecho al trabajo. Como respuesta, el gobierno central envió al general Pavía con sus fuerzas en dos trenes desde Madrid. Durante dos días se suceden en Sevilla duros enfrentamientos en los que mueren 300 soldados y muchos más voluntarios cantonalistas. El 1 de agosto Pavía hace su entrada triunfal en la ciudad, terminando así con la experiencia del cantón sevillano, para partir el día siguiente a atacar Jerez y Cádiz.

Puerta de Carmona

A la altura de esta esquina se encontraba la imponente puerta de Carmona, antes de que fuera derribada en 1870. Esta era una de las más importantes para el trasiego de mercancías y personas a la ciudad, que incluso contaba en un lateral con una torre para prisión de caballeros. Aquí finalizaba el acueducto al que daba nombre: los caños de Carmona (ver página 128).

MONUMENTO A ANTONIO MACHÍN

(31)

El único mulato de la cofradía de los hermanos morenos

Plaza de Carmen Benítez

A pesar de la presencia de la estatua de Antonio Machín tocando las maracas, mirando con sorna hacia la capilla de Los Negritos, obra

del escultor Guillermo Plaza, aún hoy todavía muchos no conocen la relación que el genial cantante cubano tuvo con Sevilla.

Convertido en una figura del son y del bolero, mundialmente famoso por su tema *El manisero*, Machín había girado por Estados Unidos y Europa. En París, con el inicio de la Segunda Guerra Mundial en 1939, se dirigió a Barcelona huyendo de los nazis, donde se encontró con la durísima posguerra española. Posteriormente, recaló en Sevilla donde vivía su hermano Juan Gualberto, que había trabajado como plomero en diversos pabellones de la Exposición del 29 y fue el único mulato miembro de la junta de la Hermandad de Los Negritos en el siglo XX.

Fundada en el siglo XIV, esta cofradía era la más antigua de Sevilla. En sus primeros tiempos tenía entre sus hermanos a negros y mulatos, libres o esclavos y era conocida como *«la cofradía de nuestra Señora de los Ángeles, que es de los hermanos morenos»*.

Machín: «no necesitaba cantar para comer, pero sí para vivir»

Machín nació en febrero de 1903 en el seno de una familia pobre y numerosa en Sagua la Grande (Cuba). Fue un músico muy precoz, siendo el primer cantante negro que actuó en el exclusivo Casino Nacional de La Habana. Desde ese momento no paró de cantar dentro y fuera de Cuba, participando en formaciones míticas como la orquesta de Azpiazu, la orquesta Habana, el cuarteto Machín... desplegando en su carrera un interminable repertorio de éxitos: *Perfidia, Mira que eres linda, Envidia, Camarera de mi amor, Dos gardenias...* y por supuesto el bolero antirracista *Angelitos negros* que lo catapultó a la fama.

En la navidad de 1941 debutó en Sevilla donde conoció a su mujer Angelita Rodríguez, una joven cordobesa que vivía en el pasaje Mallol. Se casó con ella en la iglesia de San Luis de los Franceses y residieron en la calle que tiene hoy su nombre. Su última actuación, apenas dos meses antes de morir y ya muy enfermo del pulmón, tuvo lugar en Alcalá de Guadaíra. Falleció a los 74 años y recibió sepultura en el cementerio de Sevilla por deseo expreso del hombre que *«no necesitaba cantar para comer, pero sí para vivir»*.

En el aniversario de su muerte, cada 4 de agosto, algún admirador entona su son, adornando su última morada con gardenias y ron cubano, bajo la mirada vigilante del ángel de mármol negro que adorna su tumba.

SÍMBOLOS MASÓNICOS DEL LABORATORIO DEL DOCTOR SERAS

32

El pentagrama y la rama de acacia

Avenida Luis Montoto, 7

Al principio de la avenida de Luis Montoto, la fachada del laboratorio del doctor Seras incorpora una interesante serie de elementos relacionados con la masonería. Antonio de Seras, como otros

muchos profesionales e intelectuales de finales del siglo XIX y principios del XX, ingresó en la masonería. Fue miembro de la logia *Isis y Osiris*, la más influyente de las tres que existieron en la capital sevillana y cuyo templo se encontraba en la actual calle Lirio, en los bajos de la casa de Diego Martínez Barrio, que llegó a ser presidente de la II República Española. En esta logia obtuvo en 1934 el grado de compañero con el nombre simbólico de *Guillermo Tell*. Tras la Guerra Civil se salvó de ser fusilado porque su familia era conocida del general Queipo de Llano, pero fue inhabilitado y acosado durante el resto de su vida y obligado a renunciar a la presidencia del Colegio de Veterinarios.

En el frontal se distribuyen así tres áreas que incluyen tres ventanales cada uno (el 3 es el número con más carga simbólica de la masonería, con una enorme cantidad de analogías, desde los tres grados simbólicos: aprendiz, compañero y maestro, a las tres columnas sobre las que descansa la logia: sabiduría, fuerza y belleza). Coronando cada uno de estos juegos de ventanas un relieve incorpora dos importantes elementos de estética masónica: la rama de acacia (ver abajo) y la estrella de cinco puntas o pentagrama (ver doble página siguiente).

El edificio proyectado en 1905 por el arquitecto Simón Barris y Bes, el más claro exponente del modernismo en la ciudad, incorpora además en su parte alta un relieve dedicado a Louis Pasteur. El médico y veterinario Antonio de Seras y González (1871-1941) había trabajado previamente en el Instituto Pasteur de París y encargó este edificio como Instituto Provincial de Higiene, donde se convirtió en uno de los referentes de la bacteriología en España, desarrollando vacunas fundamentales contra la viruela y la peste bubónica y tratamientos contra la sífilis.

La acacia: un símbolo masón de la inmortalidad

La rama de acacia es uno de los símbolos del grado de Maestro en la masonería y simboliza la inmortalidad, la inocencia y la dominación del espíritu humano sobre la naturaleza.

En la cultura hebrea, la acacia ya se menciona en el Antiguo Testamento: se utilizaba para la construcción de los elementos más sagrados (Arca, Mesa y Altar), debido a su capacidad para resistir la putrefacción.

Su nombre procede de la palabra griega *akis*, que significa 'punta', precisamente por las espinas que posee la acacia. Las espinas representan los obstáculos y las pruebas dolorosas a las que el iniciado se enfrenta y debe superar en el camino que lo llevará al grado de Maestro.

El simbolismo del pentagrama, la estrella de cinco puntas

El pentagrama es una estrella de cinco puntas con cinco rectas. Originariamente era el símbolo de la diosa romana Venus por lo que quedó asociado a este planeta debido a su órbita que, si se mira desde la Tierra, describe aparentemente una estrella de cinco puntas cada ocho años, tal y como lo señalaba la astronomía ptolemaica.

En la naturaleza, el pentagrama, el signo del quinto elemento, el Éter, ocupa la punta superior, mientras que los otros cuatro elementos –Aire, Fuego, Agua y Tierra– se encuentran en las puntas inferiores.

El pentagrama (o *pentalfa*) es también el símbolo del Infinito: en el pentágono situado en el centro del pentagrama, se puede crear otro pentagrama más pequeño y así sucesivamente.

Posee una simbología múltiple, siempre basada en el número 5 que representa el matrimonio entre lo masculino (el 3) y lo femenino (el 2), simbolizando así la unión de los contrarios, necesaria para la realización espiritual.

Es por esto que en la matemática pitagórica, el pentagrama (emblema de esta institución griega) está relacionado con el *número de oro* (1.618): se compone de un pentágono regular y de cinco triángulos isósceles, el coeficiente entre el lado del triángulo y su base (lado del pentágono) da el *número de oro*.

La cábala judía, a través de sus rabinos más eruditos, considera el pentagrama como el símbolo de la voluntad de Dios y de la protección divina.

En el cristianismo es la estrella de Navidad, la del nacimiento de Cristo, que prevé la Resurrección, tanto del espíritu en el cuerpo (nacimiento), como del cuerpo en el espíritu (resurrección).

En la masonería, es la estrella flamígera de la iniciación, colocada en el lado oriental de la logia. También simboliza la resurrección, tras la muerte del profano que se convierte en un nuevo adepto.

El pentagrama invertido está generalmente asociado al símbolo del Mal, opuesto al del Bien, representado por el pentagrama recto (estrellado): esto significa que el Espíritu se ha sumido en la obcecación de la Materia y en los sufrimientos carnales del alma humana.

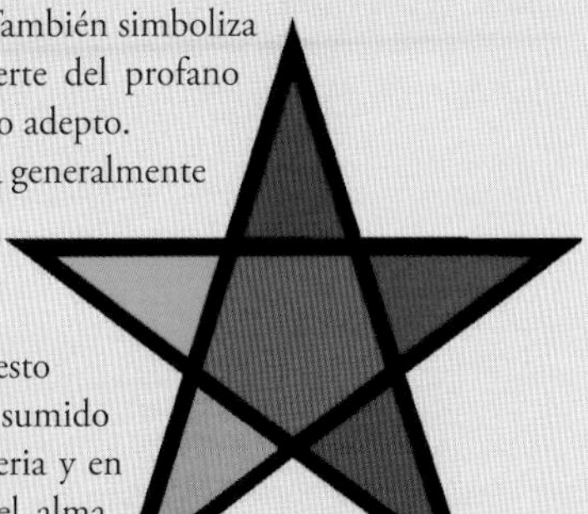

CAÑOS DE CARMONA

33

Los restos del gran acueducto almohade

Avenida Luis Montoto, 19 y 23

El principal suministro de agua a la Sevilla antigua llegaba a través de un gran acueducto del que se conservan solo tres tramos. De ellos, los dos más cercanos al centro de la ciudad se encuentran al principio de la avenida Luis Montoto. Ambos están construidos en ladrillo, aunque el primer tramo tiene una sola altura y el segundo cinco arcos de doble altura, al que se le agregó en su rehabilitación en 2009 un pórtico realizado en acero corten que ofrece un interesante contraste con el ladrillo almohade.

El tramo del acueducto más alejado del centro, y quizás el más secreto, está ubicado a la altura del número 10 de la calle Cigüeña, en la barriada de los Pajaritos.

Esta obra de ingeniería hidráulica, única en España, fue levantada en la época almohade aprovechando una canalización previa de origen romano. En el año 1172 fue inaugurada por el califa Abu Yaqub Yusuf, el cual fue también responsable de la construcción de la mezquita mayor, y de su gran alminar, la actual Giralda, del puente de barcas sobre el Guadalquivir y del palacio y los jardines de la Buhaira (ver página 192).

Se le conocía popularmente como los Caños de Carmona, no porque se iniciara en esa localidad, sino porque cerca de la puerta del mismo nombre se encontraba su depósito final, del que después se distribuía el agua. De hecho, su nacimiento se sitúa en Alcalá de Guadaíra, en la fuente de Santa Lucía, donde se inicia su tramo subterráneo, el más largo de su recorrido, hasta Torreblanca. Desde allí seguía hasta la actual barriada de los Pajaritos en un canal abierto, usado también para el riego de huertas y que incluso movía algunos molinos harineros. Y finalmente, su tramo aéreo hasta la puerta de Carmona que tenía 1200 metros de longitud y unos 400 arcos de medio punto, en ocasiones duplicados por un cuerpo superior.

El acueducto recorría un total de 17,2 kilómetros de distancia y con su altura abastecía casi toda la ciudad intramuros, con una pendiente suficiente como para llegar hasta el barrio de San Vicente. Al día canalizaba 5000 metros cúbicos de agua potable de gran calidad, que en la ciudad se desviaba por un lado al Alcázar y, por otro, hacia el resto de sus barrios.

Desde el siglo XII al XIX conservó su fisonomía, aunque sufrió continuas restauraciones, hasta que en 1912 se demolió por orden municipal frente a la oposición de algunas voces, dejando en pie solo los tres tramos que se conservan en la actualidad.

CRUZ DEL CAMPO

34

Un humilladero gótico entre edificios modernos

Calle Luis Montoto, 143

Lo primero que se pregunta cualquier persona que se encuentre con el magnífico templete de estilo gótico-mudéjar al final de la calle Luis Montoto, bastante alejado del centro de la ciudad, es: ¿dónde está el campo? Porque lo cierto es que se encuentra rodeado de edificios de factura mediocre que realmente lo agobian.

Si se observa con atención la bóveda, se ven unas pinturas descubiertas en una restauración reciente. En caracteres góticos se señala el año 1482 como la fecha en la que el Asistente Mayor de Sevilla, Diego de Merlo, impulsó esta obra, en tiempo de los Reyes Católicos y en plena época de la guerra con el reino de Granada. Merlo, que moriría ese mismo año, fue también el restaurador del cercano acueducto de los Caños de Carmona.

El templete cobija una cruz de mármol blanco que muestra una imagen de una Virgen en uno de sus lados y un Crucificado en el otro. Erigida en la segunda mitad del siglo XVI, la cruz se atribuye a Juan Bautista Vázquez el Viejo. Conocido también como Ermita del Humilladero, estaba ubicado extramuros en uno de los caminos principales de la ciudad, cerca de donde pasaba el acueducto. La cruz de término indicaba el límite con la población vecina en un cruce de caminos y también recordaba a los viajeros que debían humillarse, arrodillándose ante la cruz.

Al parecer en este lugar existió previamente, al menos desde el año 1380, un humilladero con una modesta cruz de madera, cerca del ya desaparecido hospital de los Negros, cuya capilla era la sede de la cofradía de Los Santos Ángeles. Esta hermandad, la más antigua de la ciudad, conocida todavía hoy como la de *los negritos* (ver página 122), admitía como cofrades a los negros libres así como a aquellos esclavos que acreditaran por escrito el permiso de sus amos.

Fadrique Enríquez de Ribera, marqués de Tarifa, tras su peregrinación a Tierra Santa en el siglo XVI, instaura la costumbre de realizar un vía crucis en la ciudad. La primera de sus 12 paradas se ubicaba en su residencia conocida desde ese momento como la Casa de Pilatos y finalizaba en la Cruz del Campo, el particular Gólgota sevillano, constituyendo así el origen de la Semana Santa actual.

Desde 1904 el templete es la marca y la imagen de la cerveza por antonomasia de la ciudad, Cruzcampo, cuya fábrica se instaló muy cerca del mismo. Después de décadas de abandono y gracias a la propietaria de la marca se restauró el humilladero en 2008.

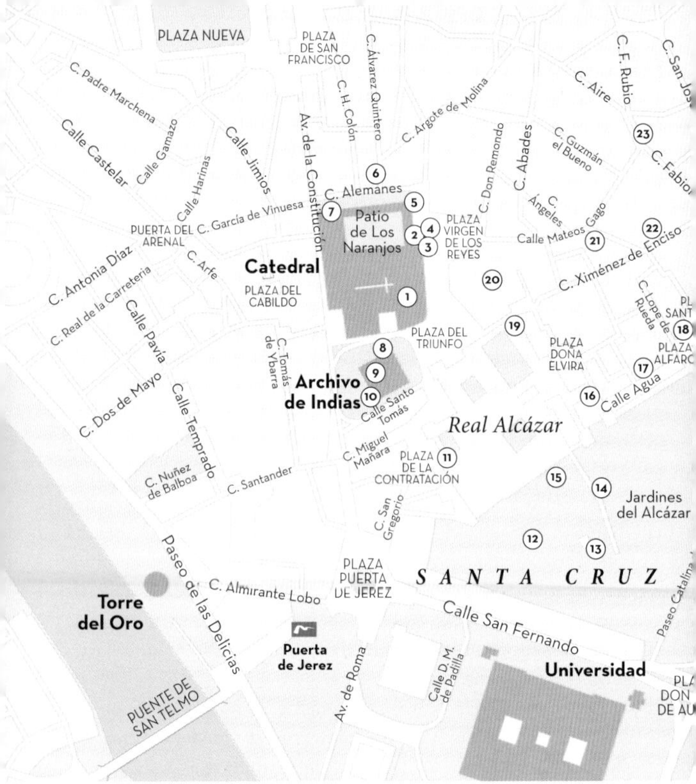

Santa Cruz, Catedral y San Bartolomé

PLAZA ZURRADORES
C. de la Florida
Calle Luis Montoto
N
Pasaje Zamora
C. Virgen de la Alegría
Avenida de Menéndez Pelayo
Calle Juglar
Calle Blanco White
Calle Juan Sierra
C. Alcalde Isacio Contreras
Calle José M. Moreno Galván
Calle Jiménez Aranda
C. Padre Luque
C. Archeros
PLAZA DE CURTIDORES
C. Cano y Cueto
C. A. Fernández
C. Puerta de la Carne
LA BUHAIRA
Avenida de la Buhaira
C. Demetrio de los Ríos
Calle Manuel Chaves
Calle Gen. Ríos
C. Rastro
Avenida de Eduardo Dato
Calle Bartolomé de Medina
Calle San Bernardo
Jardines de la Buhaira
C. Conde Cifuentes
Calle Juan de Mata Carriazo
Calle Cofia
Calle Gallinato
Av. de Cádiz
Avenida de Málaga
Calle Santo Rey
C. Marqués de Estella
Calle Tentudia
PLAZA DE SAN SEBASTIAN
Prado San Sebastián
Calle Diego de Riaño
C. Campamento
Calle Huestes
SAN BERNARDO
0
100
200 m

LA PUERTA SECRETA DE LA TUMBA DE CRISTÓBAL COLÓN

1

Los restos viajeros del descubridor

Catedral de Sevilla
Plaza del Triunfo
www.catedraldesevilla.com
Lunes, de 10:30 a 16 h; martes a sábado, de 10:30 a 18 h; domingo, de 14 a 19 h
Entrada gratuita: lunes, de 16:30 a 18 h

En la nave de la Epístola, frente a la puerta de San Cristóbal de la Catedral de Sevilla, se halla el imponente monumento funerario realizado por Arturo Mélida en 1891. En su lateral izquierdo se ve el

scudo que los Reyes Católicos concedieron a Colón en 1493, el cual oculta un compartimento secreto.

El blasón tiene en su parte superior las armas regias del Castillo y el León y en la inferior las propias concedidas al almirante de la Mar Océana: un grupo de islas en oro (en representación a los territorios descubiertos) y cinco anclas.

Si se observa con atención, este escudo esconde tres cerraduras: en la puerta del castillo, en una isla y en el ojo de uno de los anclas.

La portezuela que abren estas tres llaves, una de las cuales se encuentra en poder de la Casa Ducal de Veragua (descendientes de Colón), da acceso a una pequeña cámara en la que se halla una caja de plomo dorada donde se guardan los huesos del descubridor. Pero, ¿son en realidad los huesos de Colón?

La historia de la tumba de Cristóbal Colón no deja de ser un reflejo de lo que fue su vida. Si el explorador vivió en un continuo ir y venir, de un mar a otro, de una corte a otra, y, finalmente, de un continente a otro, su tumba no se queda a la zaga.

En 1506 Colón falleció en Valladolid, donde se le dio sepultura, hasta que tres años más tarde fue trasladado al monasterio de la Cartuja de Sevilla. En fecha incierta, ya adentrado el siglo XVI, viajan sus restos a la catedral de Santo Domingo, por lo que, por quinta vez, atraviesa el Atlántico. Allí permanece hasta 1795, año en que España pierde la soberanía de La Española (en la actualidad Haití y República Dominicana), motivo por el cual vuelven a hacerse a la mar los huesos de Colón para arribar a la catedral de la Habana. El último viaje de los restos del descubridor tiene lugar con la pérdida de Cuba en 1898: el mausoleo que le espera en la catedral de Sevilla será su destino.

Con ocasión del 500 aniversario de su fallecimiento, la Universidad de Granada realizó un análisis completo del ADN disponible procedente de familiares cercanos (hermano e hijo), concluyéndose que los restos son de Cristóbal Colón. Tras tantas idas y venidas, tan solo una parte de él regresó: en la urna se encuentran apenas 150 g, es decir, el 15% del total del esqueleto.

EL LAGARTO DE LA CATEDRAL

2

Presentes regios, paños ricos, drogas exquisitas y animales extraños

Puerta del Lagarto
Catedral de Sevilla
Plaza del Triunfo
www.catedraldesevilla.com
Lunes, de 10:30 a 16 h; martes a sábado, de 10:30 a 18 h; domingo, de 14 a 19 h
Entrada gratuita: lunes, de 16:30 a 18 h

A la nave *del lagarto* se accede por la puerta almohade ubicada a la izquierda de la entrada de la Giralda, y su curioso nombre, del que e tiene constancia desde al menos 1349, se comprende al levantar la ista y observar el cocodrilo de gran tamaño, denominado popularmente *agarto*, que pende del techo.

A su lado, colgados del arco de herradura, le acompañan otros xtraños objetos: un colmillo de marfil, una brida y una vara de madera.

Según cuentan las crónicas de la época, la ciudad recibió el día 30 le mayo de 1261 una fastuosa embajada enviada por Baibars I, sultán le Egipto y Siria, coincidiendo con la celebración del aniversario de a muerte de Fernando III. Los solemnes embajadores que portaban «*presentes regios, paños ricos, drogas exquisitas y animales extraños*» pretendían la amistad con su hijo, el rey Alfonso X.

Entre los animales que acompañaban a los mensajeros se contaba un enorme cocodrilo egipcio, una jirafa amaestrada con su montura y brida y «*una asna con bandas blancas y negras*», una cebra. Al parecer fueron llevados a los Reales Alcázares, que se convirtió en un jardín de fieras, aunque no aguantaron mucho el clima extremo y cambiante de Sevilla. El rey mandó que sus pieles fueran rellenadas de paja y expuestas en el claustro de la iglesia Mayor, siendo el enorme saurio del Nilo el que más resistió colgado del techo. En el siglo XVI los maltrechos restos del cocodrilo se mudaron por una talla de madera pintada de verde, en cuyas fauces se introdujo, un siglo más tarde, al descolgarse para su limpieza, un papel con su historia.

En muchas iglesias cristianas pueden encontrarse animales disecados, huesos de ballena... El más próximo es el caimán de la ermita de la Consolación de Utrera, a solo 20 kilómetros. Otro caimán traído de América se halla en el muro de la iglesia de la Fuensanta en Córdoba. El simbolismo más evidente los identifica con el infierno, donde su boca abierta serían las puertas del averno. Otras interpretaciones lo relacionan con la sabiduría y con una alegoría del silencio de los lugares sagrados.

LA CÁMARA DEL RELOJ DE LA GIRALDA

3

Marcando las horas de Sevilla durante siglos

Catedral de Sevilla
Plaza del Triunfo
www.catedraldesevilla.com
Lunes, de 10:30 a 16 h; martes a sábado, de 10:30 a 18 h; domingo, de 14 a 19 h
Entrada gratuita: lunes, de 16:30 a 18 h

Al traspasar el arco de entrada a la torre de la Giralda se inician las 35 rampas que llevan hasta el campanario. Por las rampas

del majestuoso alminar de la mezquita almohade del siglo XII subía a caballo el almuédano cinco veces al día para llamar a los fieles a la oración.

En su interior, la torre esconde siete cámaras abovedadas a las que se accede cada cinco tramos de rampa y a las que los visitantes no suelen prestar atención en su subida al mirador final. Estas habitaciones fueron utilizadas por los sirvientes de la torre, probablemente los almuédanos primero, y sin duda, los campaneros después. Ambos tenían el mismo objetivo: marcar el tiempo de los rezos de los habitantes de Sevilla.

En la rampa nº 25 se localiza la cámara del reloj, donde se muestra el reloj de la Giralda que el fraile franciscano José Cordero fabricó en 1764, tras siete años de trabajo. Este fue encargado para sustituir al vetusto reloj, colocado el 20 de junio del año 1400 en presencia del rey Enrique III, que había sido uno de los primeros relojes públicos de España.

Si se observa la esfera, aparece el nombre del autor y la palabra «español», recalcando la nacionalidad de la autoría de esta compleja maquinaria de relojería que estuvo en activo dos siglos, hasta los años 60 del siglo XX.

Del antiguo reloj del siglo XV se conservó la campana de las horas que fabricó Alonso Domínguez, bautizada como *San Miguel de las Victoria* y que está colocada todavía en el cuerpo del reloj de la parte superior de la Giralda, encima del cuerpo de campanas.

Diez minutos de retraso

El reloj de fray José Cordero llevaba 10 minutos de retraso con la hora oficial de España ya que señalaba la hora solar de Sevilla y no la del meridiano de Greenwich. Popularmente se decía que este retraso era a favor de los sentenciados de muerte, que así ganaban algunos minutos de vida en espera del indulto real.

En la cámara segunda se guardan las auténticas aldabas de bronce de la puerta del Perdón; en la tercera la lápida del catalán Petrus de la Cera, uno de los caballeros que tomaron Sevilla; la cuarta está dedicada a las máquinas con las que se construyó la catedral.

La hija de la Giralda

Sobre la puerta de la cámara séptima, un azulejo recuerda el nacimiento de la hija del segundo campanero. Más tarde conocida como 'hija de la Giralda', la monja Bárbara de Santo Domingo se hizo célebre por sus visiones místicas.

ESTELAS ROMANAS EN LA GIRALDA

4

Lápidas conmemorativas reutilizadas en la construcción del alminar

Torre de la Giralda
Plaza Virgen de los Reyes

Uno de los secretos de la torre de la Giralda está a la vista de cualquier paseante curioso: dos estelas romanas con inscripciones en latín visibles al pie del majestuoso alminar.

En la arquitectura musulmana era muy común la reutilización de materiales romanos o visigodos, como estas aras de mármol que los constructores dispusieron en los cuatro ángulos de la torre con la intención de aportar estabilidad.

Estos mármoles, que se confunden con lápidas funerarias, son en realidad aras conmemorativas, erigidas en la segunda mitad del siglo II d.C. por la corporación de los navegantes hispalenses. Originalmente estarían ubicadas cerca de la zona portuaria del río.

La primera de las lápidas hace referencia en su inscripción al agradecimiento por parte de los barqueros de la ciudad a Sexto Julio, un importante prohombre y militar, comandante de la cohorte de los Galos, de los Flecheros de Siria y de la Caballería Hispánica y también encargado del comercio de aceite con África y España.

La segunda estela está dedicada, también por los barqueros del municipio, a Lucio Castricio, hijo de Quinto Honorato.

En trabajos arqueológicos recientes sobre la cimentación de la Giralda se hallaron también diversas piezas romanas alusivas a los productores de aceite de oliva.

Todos estos mármoles atestiguan la importancia del puerto hispalense centralizando el embarque de productos como aceite, vino, cereales, minerales... hacia todo el imperio. Hay que recordar que en Roma se encuentra el monte Testaccio, una colina artificial creada por acumulación de restos de ánforas olearias (¡más de 53 millones de ánforas rotas!), de las que más del 80 % portaban aceite andaluz.

El alminar almohade

La nueva mezquita mayor se construyó a finales del siglo XII. Toda una proeza arquitectónica que se culminó con la torre del alminar, que con sus 82 metros era la torre más alta de Europa en la Edad Media. Tras la conquista cristiana se desmanteló la mezquita, pero se conservaron la torre y el patio de abluciones, el patio de los naranjos. La torre conservó su espectacular yamur, cuatro enormes manzanas de bronce dorado que la coronaban, hasta que lo derribó un terremoto en 1356. No es hasta el siglo XVI que se edificó la Giralda, el campanario actual, con sus 24 campanas y se colocó la enorme veleta de bronce conocida como el Giraldillo, elevando en total la altura de la torre a 101 metros.

BIBLIOTECA COLOMBINA

5

Una de las bibliotecas más valiosas del renacimiento

Calle Alemanes, s/n
Tel.: 954 56 07 69
biblioteca@icolombina.es - www.icolombina.es/colombina
Lunes a viernes, de 9 a 14 h y lunes y martes, de 16:30 a 19:30 h (verano solo mañanas)
Visita guiada gratuita previa reserva

A la izquierda de la Puerta del Perdón de la catedral se localiza la Biblioteca Colombina, una de las bibliotecas más valiosas del Renacimiento y un lugar curiosamente poco conocido.

En el interior de este espléndido espacio, que ocupa dependencias del antiguo patio de abluciones de la antigua mezquita mayor, se encuentra la lápida de la tumba de Cristóbal Colón en la catedral de Cuba, traída a Sevilla en 1899 con sus restos. Una empinada escalera, que atraviesa un antiguo arco musulmán, lleva hacia las salas cubiertas de antiguas estanterías de roble. El retrato de Hernando Colón (1488-1539), el segundo hijo de Cristóbal Colón, preside la sala principal, atento al discurrir de visitantes e investigadores.

En unos grandes expositores se muestra una selección de obras de valor incalculable, que cada día coloca y retira el bibliotecario experto encargado para ello. Destacan, por haber sido propiedad del mismísimo Cristóbal Colón, incunables como un ejemplar de *Imago Mundi*, del cardenal Pierre D'Ailly de 1480, un *Libro de Viajes* de Marco Polo de 1484, y una edición de *Historia Natural* de Plinio el Viejo de 1489, obras fundamentales en el proyecto de descubrimiento de América, con anotaciones marginales de su puño y letra. Así como su obra manuscrita no publicada *El Libro de las Profecías*, de la que han sido arrancados 14 folios de los 84 originales.

Adquiridos por Hernando Colón y de especial interés, se exponen también *La Gramática Castellana* de Antonio de Nebrija de 1492 y el *Antibarbarorum liber* de Erasmo de Rotterdam de 1520, obra que había sido prohibida por la Inquisición y que incluye una dedicatoria de su autor. Es curioso comprobar que en todos sus libros anotaba la fecha y el lugar donde lo había adquirido y cuánto le había costado.

Estas obras son solo una pequeña parte de los 3500 títulos legados a la catedral por Hernando Colón que han llegado hasta nuestros días, de su vasta colección de 15 350 títulos adquirida en sus viajes por toda Europa. Es fácil deducir que en el transcurso de los siglos desaparecieron un gran número de ellos por la falta de control y el desinterés.

Cabe señalar que durante el siglo XVIII los encargados de su mantenimiento eran los barrenderos de la catedral, quienes tenían las llaves de los almacenes y de la biblioteca. Nada que ver con el cuidado exquisito con el que se conservan en la actualidad estos fondos, que incluyen también la enorme biblioteca histórica de la catedral con un total de 70 000 volúmenes.

LA COLUMNA DE ARIAS CORREA ⑥

El recuerdo de un tratante de esclavos

Calle Alemanes con calle Hernando Colón

En el capitel de la columna del edificio ubicado en la esquina de la calle Alemanes frente a la puerta del Perdón se puede leer el texto grabado: «*Arias Correa labró esta su casa año de 1591*». Al parecer Arias Correa fue un importante tratante de esclavos que a finales del siglo XVI mandó edificar su casa, de la cual solo se conservan las columnas, frente a su lugar de trabajo, las gradas donde comerciaba con seres humanos, infame negocio que hizo de él un hombre acaudalado.

El lugar del mercado de esclavos principal de Sevilla durante los siglos XVI y XVII

En la calle Alemanes, que se denominó durante mucho tiempo «de las Gradas» en referencia a los grandes escalones que lindan con la catedral, se situaba durante los siglos XVI y XVII el mercado de esclavos principal de Sevilla. Desde finales del siglo XV Sevilla fue, junto a Lisboa, una de las ciudades que mayor actividad esclavista desplegó. En un primer momento, como zona importadora de negros africanos y más tarde de moriscos tras la conquista del reino de Granada, de esclavos procedentes de las islas Canarias y de las recién descubiertas Indias Occidentales. Muchos de ellos tenían marcadas las mejillas con el símbolo de una S atravesada por un clavo, representando la palabra esclavo, para que se supiera que no eran personas libres. Se estima que, a finales del siglo XVI, era esclava un 7 % de la población de Sevilla, la cual alcanzaba la enorme cifra de 120 000 habitantes. Así Cervantes llegó a describir a la población sevillana como un tablero de ajedrez por este contraste racial.

Poseer esclavos era un símbolo de distinción para la nobleza, la Iglesia y también para muchos artesanos y comerciantes. La mayoría se dedicaba al servicio doméstico, pero también desarrollaron su dura labor como agricultores, albañiles, fundidores, curtidores, artesanos, aguadores, transportando cargas pesadas en el puerto... haciendo incluso de criadas de monjas.

Esclavos en la pintura sevillana

Pintores como Velázquez o Murillo retrataron la presencia de los esclavos en la sociedad sevillana. Así pueden destacarse la obra *La Mulata* pintada por Velázquez en 1620 (National Gallery, Dublín, ver más abajo) o el retrato de *Juan de Pareja* datado en 1661, esclavo de origen morisco y ayudante del pintor (Hispanic Society of America, Nueva York). Murillo incluyó en su obra *Tres muchachos* datada en 1670 a un niño aguador de raza negra (Dulwich Picture Gallery, Londres).

VÍTORES EN LA CATEDRAL

7

Antiguos graffitis realizados con sangre de animales y pigmentos vegetales

Gradas de la catedral de Sevilla
Calle Alemanes y avenida de la Constitución

En el trecho de la calle Alemanes entre la Puerta del Perdón y la avenida de la Constitución, aparecen, sobre el muro de la iglesia del Sagrario, letras, números y símbolos escritos en rojo. También se pueden observar en el muro que hace esquina, ya en la avenida de Constitución. Su existencia se conoce gracias a la minuciosa labor de

limpieza y conservación desarrollada en los últimos años que ha sacado a la luz estas pinturas, elaboradas con sangre de animales o pigmentos vegetales muy resistentes al paso de los años.

Realizadas en los siglos XVII y XVIII, estas pintadas reciben el nombre de *vítores* o *víctores*. Fueron habituales en las ciudades universitarias de la época y mostraban el júbilo de los estudiantes que habían superado con éxito pruebas decisivas para su futuro, señalando así su victoria en los exámenes. Entre otros, son perfectamente legibles los víctores de don Alonso García o don Melchor, junto a otros ininteligibles.

Unas puertas medievales de bronce y cedro del Atlas

De la entrada principal al Patio de los Naranjos se tiene noticia desde el año 1196 cuando el califa almohade Abu Yusuf ordenó la ampliación de la explanada. De hecho la puerta del Perdón, llamada así desde al menos 1363, es la más antigua de la Catedral de Sevilla. Es increíble que hayan pervivido hasta nuestros días las enormes puertas de cedro del Atlas forradas de bronce de más de siete metros de altura y casi dos de anchura, datadas en el período almohade, en la última década del siglo XII. En su intrincado diseño geométrico se repite en escritura cúfica las aleyas del Corán *«El poder pertenece a Dios»* y *«La eternidad es de Dios»*. Las puertas tienen dos enormes aldabas de bronce de gran calidad artística. Sin embargo para ver las originales hay que visitar la segunda cámara de la Giralda, donde se guardan por seguridad (ver página 138).

EN LOS ALREDEDORES

La casa de los Kreybig

Si se levanta la vista hacia las vigas de los soportales del número 9 de la calle Alemanes, puede leerse la inscripción *Soi de Kreybig*. Esta recuerda que en el siglo XVIII Antonio Creivig residió y tuvo aquí su comercio de cristal de Bohemia.

La calle Alemanes recibe su nombre de los comerciantes de origen germano que allí tenían sus tiendas frente a las gradas de la catedral.

CRUZ DEL JURAMENTO

⑧

El lugar donde los cargadores a Indias cerraban sus tratos

Calle Fray Ceferino González, s/n

En la fachada norte del Archivo de Indias (la antigua Casa Lonja de los Mercaderes) y frente a la Puerta del Príncipe de la catedral,

se localiza una gran cruz ejecutada en jaspe y mármol. Erigida en el año 1612, se denomina 'del Juramento' porque en este lugar los comerciantes y mercaderes cerraban sus tratos, relacionados a menudo con las ventas de los productos traídos por los navíos procedentes de las Indias Occidentales. Con un juramento verbal ante esta cruz y en público se llegaba a un compromiso de cumplimiento con lo pactado en la negociación.

Este no fue su enclave original: como puede apreciarse en grabados antiguos, se encontraba hasta el terremoto de Lisboa de 1755 en la fachada principal de la lonja, en el centro de la llamada plaza de la Lonja.

EN LOS ALREDEDORES

Casa Lonja de los Mercaderes ⑨

Archivo General de Indias - Avenida de la Constitución, s/n
Entrada libre, martes a sábado de 9:30 a 17 h y domingo de 10 a 14 h

Hasta que no se edificó la lonja los mercaderes hacían sus transacciones comerciales en el entorno de la catedral, en las gradas y en el patio de los Naranjos, e incluso dentro del templo los días de lluvia o de fuerte calor, con el consiguiente escándalo del cabildo catedralicio. Las continuas quejas consiguieron que Felipe II promoviera la construcción en 1598 de un lugar adecuado para estas operaciones comerciales y financieras y como sede del Consulado de Cargadores a Indias, el colectivo de comerciantes especializado en el tráfico con América, cuyo monopolio ostentaba Sevilla.

Tras el traslado a Cádiz del comercio con las Indias el edificio renacentista sufre un periodo de abandono, llegando antes incluso a ser utilizado como casa de vecinos. En tiempos de Carlos III se decide reformarlo para reunir allí la totalidad de los documentos relacionados con las colonias americanas, fundando así el Archivo General de Indias, siendo en octubre de 1785 cuando se reciben los primeros carros cargados de legajos desde Cádiz, Madrid y Simancas (Valladolid). El archivo, que actualmente custodia, en sus estanterías de caoba de Cuba, unos 43 000 legajos, mapas y dibujos (los más valiosos se guardan en cámaras de seguridad), es lugar de peregrinación de americanistas e investigadores de todo el mundo, entre los que alguna vez se camuflan cazadores de tesoros de navíos hundidos.

EL BUSTO DORADO DE HERNÁN CORTÉS ⑩

El misterio del mausoleo del conquistador que murió en Sevilla

Archivo General de Indias
Avenida de la Constitución, s/n
Martes a sábado, de 9:30 a 17 h y domingo de 10 a 14 h
Entrada libre

Tras ascender por la formidable escalera dieciochesca de la antigua Casa Lonja de los Mercaderes, el actual Archivo General de Indias, en el rellano a la izquierda se encuentra una efigie sobredorada del conquistador de México, Hernán Cortés (1485-1547), que lo muestra a la manera de un emperador romano, armado con una coraza, adornada con medallones y hojas de acanto y cubierta por una capa.

Este busto, copia del original que tenían en Sicilia los duques de Monteleone, descendientes y herederos del conquistador, fue encargado por Antonio de Orleans, duque de Montpensier, obsesionado por todo lo que tuviera que ver con Cortés. Tanto, que llegaría a restaurar como residencia veraniega el caserón de Castilleja de la Cuesta (Sevilla) donde Hernán Cortés fue a morir con 62 años, desahuciado y abandonado por la corona española.

Fundido en bronce dorado, el busto original se debe al escultor valenciano Manuel Tolsá, que lo realizó en 1792 en México para el mausoleo de Cortés en la iglesia del Hospital de Jesús, edificio fundado por el conquistador en el supuesto lugar donde tuvo su primer encuentro con el emperador azteca Moctezuma.

Dos años después de la Independencia de México, en 1823, el mausoleo fue desmantelado para evitar que lo profanaran. Los restos del conquistador se escondieron en un nicho en la pared del templo y para engañar a los agitadores se enviaron a Italia el busto y el escudo de armas. Un siglo más tarde, en 1922, la estatua viajó de Palermo a Nápoles, donde en la actualidad puede ser admirada en la sala de baile del museo de la Villa Pignatelli, el palacio de los herederos de Hernán Cortés, la familia Aragona Pignatelli Cortés.

Por otro lado, los restos del conquistador español quedaron relegados, en un total olvido, durante más de cien años. No sería hasta 1946 que un funcionario halló en un compartimento secreto de la caja fuerte de la embajada española de la Ciudad de México un acta desvelando uno de los grandes misterios de la historiografía mexicana. Así los restos del explorador y conquistador pudieron colocarse tras una lápida en el muro del altar mayor de la iglesia del Hospital de Jesús, en México, como había dispuesto en su testamento.

En el convento Madre de Dios de la calle San José, fundado por Isabel la Católica en el siglo XV, están enterradas en tumbas con estatuas yacentes la segunda mujer de Hernán Cortés, Juana de Zúñiga, y sus hijas Catalina y Juana.

PATIO ALMOHADE DE LA CASA DE LA CONTRATACIÓN

(11)

Un magnífico patio medieval escondido

Plaza de la Contratación, 3
secretaria.general.sevilla.dgob@juntadeandalucia.es
Visitas, previa cita, miércoles tarde

En el interior de un edificio administrativo de la Junta de Andalucía se esconde un magnífico patio de origen medieval, representativo de la belleza de la arquitectura almohade. Con cita previa se puede visitar este magnífico lugar el miércoles por la tarde.

Tras atravesar el vestíbulo, se accede a un jardín en crucero conectado por andenes que dan paso a las cuatro albercas centrales, inspiradas según la tradición musulmana, en los cuatro ríos del paraíso.

En el centro existiría una fuente que alimentaba las albercas y repartía su frescor y la melodía de su surtidor por todo el jardín. Los parterres originales tienen una profundidad de casi dos metros para facilitar la recolección de naranjos y otros árboles frutales y el disfrute de la vegetación. Estos cuarteles se delimitan por unos muros de ladrillo con arquillos ciegos que todavía tienen pinturas originales en su interior simulando puertas de madera.

La imagen icónica de este espacio la constituye la magnífica arquería de arcos lobulados y paños de elementos decorativos con formas geométricas entrelazadas, que se conocen como *sebka*.

El patio constituyó un elemento central de una de las residencias palaciegas que formaron parte de los Reales Alcázares en la época medieval de Al Andalus. Aunque si bien estos jardines fueron reutilizados y transformados poco después de la conquista cristiana por los reyes castellanos que residieron en el Alcázar, sobre todo por Alfonso X y Pedro I, conservan destacados elementos de la cultura hispano-musulmana.

Su hallazgo se produjo tras demolerse en los años 1960 el edificio de la antigua Casa de la Contratación, que fue mandado construir por los Reyes Católicos en 1503 para albergar la institución que monopolizó todas las relaciones comerciales y migratorias de España con América. En este lugar residió hasta su traslado a Cádiz en el siglo XVIII, para después tener variados usos, la mayoría relacionados con los Reales Alcázares.

EL MONTE PARNASO DEL JARDÍN DEL LABERINTO ⑫

El centro del Laberinto Viejo del Real Alcázar

Real Alcázar de Sevilla
Plaza del Triunfo
Todos los días, de 9:30 a 17 h (invierno) y de 9:30 a 19 h (verano)
Entrada gratuita: lunes de 18 a 19 h, de abril a septiembre, y de 16 a 17 h, de octubre a marzo
www.alcazarsevilla.org

En el jardín del Laberinto (o de la Cruz) se encuentra un estanque con un montículo formado por rocas, conocido como el Monte Parnaso del que los visitantes (y algunos de los guías de este espacio) desconocen que era el centro del Laberinto Viejo del Real Alcázar.

Para llegar a donde se ubicaba el laberinto que mandó construir el rey Felipe IV en 1627 hay que atravesar el jardín de las Damas hasta la puerta que cerraba su muro, en cuyo dintel se incluye una pintura alegórica de Teseo matando al Minotauro.

Desde la cumbre del montículo, concebido como una réplica del monte Parnaso en Grecia, mana la fuente Hipocrene (ver abajo). En una gruta inferior abierta aparecen dos figuras femeninas unidas por la espalda, de cuyos senos también surtía el agua.

La elección de estos elementos desde luego no es casual, añadiendo una enorme carga simbólica al laberinto, ya que tanto el monte como la fuente en la mitología griega estaban consagrados a las musas.

Como en los laberintos más antiguos, se trataba de llegar al centro y salir. Al llegar al Monte Parnaso, tras recorrer perdido los pasillos de arrayán, el paseante accedería a la fuente del Conocimiento y del Arte, atributos que llevaría consigo al encontrar más tarde la salida.

Los setos se recortaban siguiendo el arte denominado *topiario*, formando figuras y animales fantásticos a los que se le añadían cabezas y manos de barro cocido, con la intención de inquietar y provocar temor al que se atrevía a entrar en este dédalo.

El laberinto antiguo pervivió durante tres siglos en este mismo lugar, hasta principios del siglo XX, con importantes modificaciones a lo largo del tiempo. Su destrucción fue ordenada por expreso deseo de doña María Cristina de Habsburgo-Lorena, la madre de Alfonso XIII, a quien no le gustaba ver perdidos en su interior a las damas y a los caballeros de la Corte.

Monte Parnaso

Según la mitología griega, Parnaso, hijo de Poseidón, dio su nombre al famoso monte, considerado la patria simbólica de los poetas. Allí también residía Apolo, al cual se dedicó el templo de Delfos, el más espectacular santuario de la Antigüedad ubicado también en esta montaña del centro de Grecia. Por otro lado Hipocrene (*la fuente del caballo*) fue originada según el mito en el monte Parnaso por los golpes de Pegaso, el caballo alado, enviado por Poseidón.

EL LABERINTO DEL CENADOR DE LA ALCOBA

(13)

El misterio del azulejo renacentista

Pabellón de Carlos V
Real Alcázar de Sevilla
Plaza del Triunfo
Todos los días, de 9:30 a 17 h (invierno) y de 9:30 a 19 h (verano)
Entrada gratuita: lunes de 18 a 19 h, de abril a septiembre, y de 16 a 17 h, de octubre a marzo
www.alcazarsevilla.org

En el suelo del espectacular pabellón de Carlos V, también conocido como Cenador de la Alcoba, se encuentra dibujado en un azulejo un misterioso laberinto.

El plano fabricado con la técnica del picado se encuentra al pie de una de las ventanas, inserto en la magnífica solería renacentista de la estancia. Desde luego, esta planta nada tiene que ver con el posterior laberinto del XVII, que presenta un recorrido sinuoso y tenía en su centro el estanque del Parnaso, como se observa en los planos que se conocen del Alcázar como el de Van der Borcht (1759) o el de Sevilla encargado por Olavide (1771) (ver página 100). En el caso del laberinto del suelo del pabellón presenta un diseño cuadrado clásico de líneas rectas con trazado de recorridos alternativos y un espacio central al que llegar.

El origen de este pabellón, realizado entre naranjales por el morisco Juan Fernández en 1546 para descanso del emperador, podría ser una remodelación de un oratorio musulmán o qubba, de aquí derivaría el nombre de Huerta de la Alcoba.

El nuevo laberinto de 1914

El nuevo laberinto, que es el que hoy se puede visitar, se realizó en 1914 enfrente del Cenador de la Alcoba siguiendo la planta que se encuentra en el pavimento de este pabellón, pero adaptando su formato cuadrado a uno rectangular, con estrechos pasillos de setos de arrayán y ciprés.

Para mas información sobre los laberintos, ver doble página siguiente.

Origen y simbolismo iniciático del laberinto

Según la leyenda, Dédalo construyó uno de los primeros laberintos para encerrar al Minotauro, un monstruo nacido del amor de la reina Pasífae, esposa del rey de Creta, Minos, con un toro. Según algunos arqueólogos, la compleja planta del palacio de Minos, en Cnosos (Creta), podría estar en el origen de la leyenda.

Solo tres personas lograron salir: Teseo, que vino a Creta para matar al monstruo, y a quien Ariadna, hija de Minos, que se había enamorado de él, le dio un hilo para que pudiera encontrar el camino de regreso (el famoso hilo de Ariadna); y Dédalo con su hijo Ícaro: Dédalo había sido encerrado en su propio laberinto por Minos. Según algunas versiones, Minos quería evitar que revelara el plano del laberinto y, según otras, quería castigarlo por haberle dado a Ariadna la idea del hilo. El laberinto tenía un diseño tan perfecto que la única solución que Dédalo encontró para escapar fue a través del aire, ayudado por unas alas de cera y plumas que ideó para su hijo Ícaro y para sí mismo.

Si muchas civilizaciones han dibujado o grabado laberintos (mesopotámica, egipcia, indios *hopi* y *navajo*, etc.), en Europa han estado presentes desde la prehistoria. Recuperado por la Cristiandad,

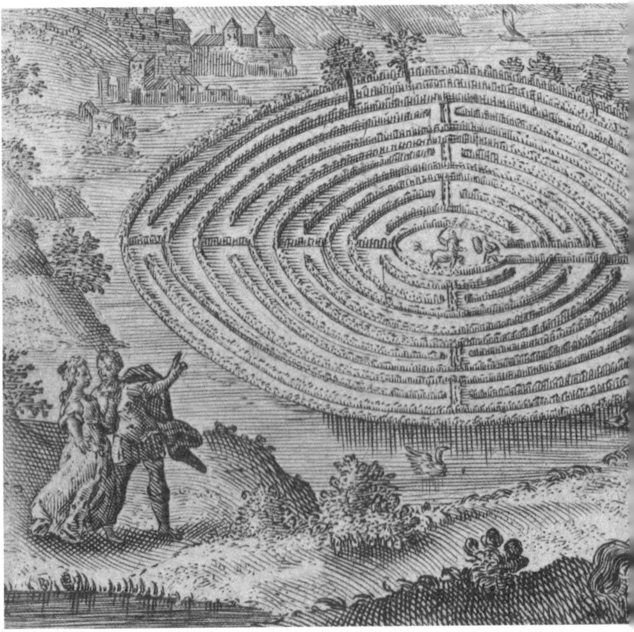

permitía que aquellos que no podían realizar la peregrinación a Jerusalén físicamente pudieran hacerla simbólicamente, recorriendo de rodillas el laberinto hasta su centro. Ubicado generalmente en el lado oeste de la iglesia, la dirección de donde provienen los demonios (el oeste es la dirección de la muerte, donde se pone el sol), permite atraparlos antes de que lleguen al coro, sabiendo que se supone que solo pueden moverse en línea recta.
Simbólicamente, el laberinto expresa la progresión del hombre dentro de sí mismo: después de un camino iniciático necesario, a menudo doloroso y tortuoso, encuentra la unidad perdida del ser, que estaba dispersa en la multitud de deseos y caminos. La llegada al centro del laberinto marca el final de la iniciación.
La huida de Dédalo e Ícaro simboliza la elevación del espíritu hacia el conocimiento y del alma hacia Dios (y el éxito en la lucha contra el Minotauro, que simboliza nuestra naturaleza y nuestros impulsos animales), y el amor de Ariadna por Teseo simboliza el amor por otro ser. Dos formas de salir del absurdo de la condición humana. Si Ícaro luego quema sus alas cuando se acerca demasiado al sol, es porque su orgullo dictado por una postura demasiado intelectual, le hizo creerse igual a los dioses.

EL ÓRGANO HIDRÁULICO DE LA FUENTE DE LA FAMA

(14)

Una de las tres fuentes-órgano en Europa

Reales Alcázares
Puerta del León
Calle Miguel Mañara
www.alcazarsevilla.org
Todos los días, de 9:30 a 17 h de octubre a marzo, y de 9:30 a 19 h de abril a septiembre
Gratis, lunes de octubre a marzo de 16 a 17 h, y de 18 a 19 h de abril a septiembre
Música del órgano: cada hora en punto

Accediendo a los jardines del Alcázar por las escaleras que parten de la fuente de Mercurio, en dirección a la galería del Grutesco, se encuentra adosada a esta, la fuente de la Fama, la única fuente-órgano del siglo XVII que se conserva en España. Esta es una de las tres que existen en Europa, junto a las de la Villa d'Este en Tívoli y el palacio del Quirinal en Roma, ambas en Italia.

La fuente de la Fama, así llamada por la figura que la remata y que portaba una trompeta ahora desaparecida, se concibe como una estructura capaz de albergar un órgano hidráulico en lo que se conoce desde los griegos como cámara eolia, situada en su parte trasera. Para ver el órgano hay que mirar a través de los orificios de la puerta de la cámara, justo a la derecha de la fuente. En esta zona, mirando hacia arriba, se puede ver también una rejilla sobre la galería del Grutesco. La finalidad de estas aberturas no es otra que facilitar que la música emitida por los 70 tubos llegue a todos los rincones del jardín.

La fuente destaca por su tamaño y monumentalidad, dando la impresión de formar parte de la galería con la que comparte la decoración en grutesco. La disposición de varias hileras de bancos eleva a la fuente a la categoría de escenario. Los *papyrus* que la pueblan, escondiendo los surtidores, harían las veces de telón.

Cuando el reloj marca la hora en punto, el espacio que rodea a la fuente se convierte en una pequeña sala de conciertos. Los surtidores parecen convertirse en danzarines que se mueven al son de la música. Y es que el órgano hidráulico se pone en marcha, puntual, y las notas que emite se pueden escuchar en una buena parte de los jardines, por unos breves minutos. Se interpretan dos breves piezas de Francisco Correa de Arauxo, compositor del siglo XVII: *LXVIII Canto Llano de la Inmaculada Concepción de la Virgen María* y *Siguense Dies y Seis Glosas sobre el Canto Llano*.

El empleo de aire y agua de forma conjunta para producir sonidos musicales se debe al científico helenístico del s. II a. C. Ctesibio. En el Renacimiento, se recuperó este mecanismo, que llegó al Alcázar de la mano de su conservador Vermondo Resta. Con el paso de los años se perdió este curioso instrumento también conocido como *Hydraulis*, hasta que en 2006 fue restaurado por el experto inglés Rodney Briscoe, conservador asimismo de los tres órganos existentes en Europa, devolviendo la música a los jardines.

BAÑOS DE MARÍA DE PADILLA ⑮

El lugar favorito de quien fue reina después de muerta

Reales Alcázares
Puerta del León
Calle Miguel Mañara
www.alcazarsevilla.org
Todos los días, de 9:30 a 17 h, de octubre a marzo, y de 9:30 a 19 h, de abril a septiembre
Gratis, lunes de octubre a marzo de 16 a 17 h, y de 18 a 19 h de abril a septiembre

Desde el jardín de la Danza se accede por un túnel que recorre los cimientos del palacio Gótico a un espacio recoleto y mágico, detenido en el tiempo. Las luces anaranjadas que se filtran desde la cubierta se diluyen en el silencioso estanque cubierto por tres naves de piedra de los baños de María de Padilla.

El estanque es un aljibe almohade parte de un jardín rehundido diseñado cinco metros por debajo del nivel del resto del palacio para su uso en los meses de verano. En el siglo XIII fue cubierto con unas bóvedas de crucería gótica por mandato de Alfonso X el Sabio.

La leyenda cuenta que este era el lugar predilecto de María de Padilla, la amante del rey Pedro I (ver página 104). Lo cierto es que en este espacio la temperatura baja varios grados en el caluroso verano sevillano. Desde el año 1352, la dama vivió con el rey en los Reales Alcázares, donde le dio cuatro hijos, aunque Pedro I se casó dos veces oficialmente por motivos políticos. Pero a la muerte de María de Padilla en 1361, obligó a que el arzobispo de Toledo anulara esos matrimonios y consagrara el que habría tenido con ella con testigos y en secreto.

De esa boda secreta en 1352 se tiene la certeza, ya que existe un Real Privilegio por el que a María de Padilla se le otorgó la villa de Huelva como regalo de casamiento. Así las Cortes la reconocieron como reina, asegurando que los hijos que tuvo fueran considerados legítimos y que pudiera ser enterrada en la Capilla Real de la catedral de Sevilla, donde reposa hoy en día.

Que este espacio tuvo en el tiempo un uso recreativo quedó claro tras el descubrimiento en 1997 y la posterior restauración de unas pinturas murales renacentistas que estaban ocultas por el deterioro de la humedad. Estas delicadas policromías, que no son visitables en la actualidad, se realizaron entre 1565 y 1579 y reflejan escenas de agricultura y caza así como otros temas cortesanos.

María de Padilla, reina de la magia

El personaje de María de Padilla ha tenido un considerable impacto en el imaginario cultural a lo largo de los siglos, desde los romances populares que han circulado por toda la península ibérica a la ópera del mismo nombre que Donizetti estrenó en la Scala de Milán en 1841. Uno de los más insólitos es su asimilación como reina de la magia en religiones brasileñas de origen africano, donde al personaje se le considera como una poderosa diablesa seductora y terrible.

LA CALAVERA DE LA CALLE DE LA MUERTE

⑯

La leyenda de la hermosa judía que traicionó a su raza

Calle Susona, 10 A

En una estrecha calleja del barrio de Santa Cruz, un azulejo con una calavera descarnada recuerda la leyenda de la hermosa judía que traicionó a su raza.

Denominada desde el año 1845 como calle Susona, la calle fue anteriormente conocida como de la Muerte, como se recoge en el plano de Olavide de 1771 (ver página 100) y como se puede ver en el azulejo barroco al principio de la calle.

En 1248, año de la conquista cristiana de la ciudad, cuando Fernando III atraviesa sus murallas, esta está vacía; todos sus habitantes han huido. Más tarde todas las mezquitas serán entregadas a la Iglesia excepto tres que su hijo Alfonso X cederá a la comunidad judía para que establezca sus sinagogas. A finales del siglo XIV, tras el asalto a la judería, estas se convertirán en las iglesias de San Bartolomé, Santa María la Blanca y Santa Cruz, siendo esta última la que aporta su nombre al barrio.

Años más tarde, algunas familias judías retornan a la ciudad, donde además residen muchos cristianos nuevos, conversos que han renegado de la fe hebraica, aunque más de uno la sigue practicando en privado. Uno de estos es el banquero Diego de Susón, parte de un amplio grupo de prohombres muy preocupados por la presión insoportable que padecen desde la creación en 1478 de la Inquisición. Entre otros lugares se reúnen en su casa de la antigua judería banqueros, comerciantes y funcionarios, que incluso se plantean acometer una revuelta armada. En esta casa vivía también su hija Susana Ben Susón que fue testigo involuntario de la conspiración y de la cual informó a un caballero cristiano con el que se relacionaba, causando la detención de todos los implicados.

El 6 de febrero de 1481 se consuma la primera pena de hoguera en Sevilla, siendo quemados en Tablada seis reos del grupo de judeoconversos detenidos. A esta le siguieron multitud de detenciones y más ejecuciones sumarias. Según la tradición, el remordimiento por haber traicionado a su familia y a su raza hizo que Susona ingresara en un convento y que en su testamento dispusiera que *cuando haya muerto separen mi cabeza de mi cuerpo y la pongan sujeta en un clavo sobre la puerta de mi casa, y quede allí para siempre jamás*. Esto fue así hasta principios del siglo XVII, por lo que se conoció como calle de la Muerte. Un pequeño azulejo se puso tras la rehabilitación de la casa en 1931 para sustituir el gancho de hierro en el que se supone que estuvo colocada la cabeza.

LÁPIDA DE WASHINGTON IRVING ⑰

El recuerdo del viajero romántico en la antigua residencia de América de 1929

Calle del Agua, 2

El escritor y diplomático norteamericano Washington Irving (Nueva York, 1783 - Tarrytown, NY, 1859), fue uno de los precursores de la época del descubrimiento romántico del sur de España en pleno siglo XIX.

En homenaje al escritor, en el muro de una hermosa casa palacio que da al callejón del Agua junto a la muralla de los Reales Alcázares, se instaló un relieve conmemorativo que pasa inadvertido para los paseantes del barrio de Santa Cruz. De este edificio pocos saben que fue la residencia de América en 1929, bautizada con el nombre del escritor americano, del cual se conoce mucho más su estancia granadina, aunque sea en Sevilla donde empezó realmente su periplo andalusí.

En la lápida en bronce, realizada en 1925 por el genial escultor Mariano Benlliure, el escritor retratado de medio cuerpo, mira al frente, girado a la derecha, con pelo corto y largas patillas y vestido con chaqueta y pañuelo al cuello. El relieve fue un encargo del marqués de la Vega-Inclán, responsable de la remodelación del barrio de Santa Cruz para la Exposición de 1929.

Cien años antes, el escritor había residido en Sevilla, precisamente en una fonda del barrio de Santa Cruz en la vieja judería sevillana, mientras redactaba los *Cuentos de la Alhambra*. En la primavera de 1828, arribó al puerto hispalense a bordo del Betis, el primer barco español de vapor que remontó el Guadalquivir procedente de Cádiz. En la ciudad residirá un año, experiencia que quedará recogida en el diario editado por la Hispanic Society de Nueva York: *Diary of Washington lrving of the Sunnyside Spain*. Su recorrido cotidiano sevillano le llevó a sumergirse en las obras, cartografías y documentos del Archivo de Indias y la Biblioteca Colombina, trabajo que culminará en su libro *Historia de la vida y viajes de Cristóbal Colón* (1828).

Pero como buen viajero romántico el escritor se quedó prendado del patrimonio andalusí, de toda la tradición anterior a la conquista cristiana de la ciudad, a lo que sumó el descubrimiento de que a unos días de viaje se hallaba la ciudad de Granada, con el magnífico palacio de la Alhambra, la fortaleza roja.

Ruta de Washington Irving

www.legadoandalusi.es/las-rutas/ruta-de-washington-irving/

Esta ruta recorre los pasos que en 1829 siguió el escritor romántico entre las ciudades de Sevilla y Granada, fascinado por la riqueza y el exotismo del legado hispano-musulmán.

LA REJA DEL DIABLO

(18)

Un trabajo de forja imposible

Palacio de Pickman
Plaza de Alfaro, 1

En la fachada de la casa palacio de los marqueses de Pickman que da a la plaza de Alfaro, en la ventana ubicada en la esquina izquierda inferior, un enrejado de hierro sigue un diseño intrincado y curioso. Los barrotes de la conocida como «reja del diablo» se van entretejiendo, alternando machos y hembras y cruzando los cuadradillos, sin observarse soldadura ni otro tipo de fijación. Esta reja ensamblada, posiblemente forjada en Úbeda o Jaén, es de los modelos más complicados que existen

en esta técnica, debido a la disposición de las hembras, sobre todo porque la apertura de los barrotes se hace en la arista de estos, cuando lo normal es hacerla con los travesaños planos. Un trabajo imposible, que para alguno parece que se forjó en el infierno.

Una puerta trasladada piedra a piedra

Lo más interesante de la casa palacio de Pickman, además de la reja, es su imponente portada renacentista del siglo XVI, de estilo plateresco, que aparece tras una alta verja en la fachada principal de la vecina calle Lope de Rueda. Esta portada procede del palacio de los Aranda de Úbeda (Jaén) desde donde fue trasladada piedra a piedra en los años 20. En ella pueden admirarse dos cuerpos en piedra con una profusa decoración: leones rampantes, carneros, caretas, niños...

Del cementerio civil al cementerio católico y de nuevo al cementerio civil...

La familia Pickman, que se hizo con esta casa y a la que da nombre, desciende del empresario inglés Charles Pickman que en 1838 eligió el monasterio de la Cartuja para iniciar su famosa fábrica de cerámicas (ver página 276). Por esta labor el rey Amadeo I le concedió el marquesado. Con el tiempo, María de las Cuevas Pickman, la única nieta del empresario y heredera del título y de su fortuna, se casó con Rafael de León y Primo de Rivera, un cordobés de familia noble, pero venida a menos, amante de la buena vida y de los placeres mundanos. Tras una trifulca por una deuda en el teatro Cervantes con un comandante de la guardia civil, el marqués murió en duelo el 10 de octubre de 1904. Considerado como un suicidio por la Iglesia, el arzobispo Spínola prohibió su sepultura en el camposanto, obligando a enterrarlo en el cementerio civil también llamado *«de disidentes»*. El día del entierro, la comitiva de cientos de obreros entró al asalto en el cementerio católico para llevar al cadáver al panteón familiar que, por orden gubernativa, fue enviado de nuevo al cementerio civil.

EN LOS ALREDEDORES

Balcone di Rosina

La ópera bufa *El barbero de Sevilla* fue estrenada por Rossini en Roma en 1816. Los encuentros de la protagonista Rosina con su enamorado desde un balcón sevillano inspiraron al propietario de esta casa que en 1928 construyó este bello rincón. A la casa se incorporó también la portada de un palacio del siglo XVII de Écija (Sevilla).

LA PRIMITIVA PUERTA DEL ALCÁZAR

(19)

La entrada secreta

Foro de la Biodiversidad
Patio de Banderas, 16
Tel.: 954 21 14 17
Martes a domingo, de 10 a 21 h
Entrada libre

Cuando en 1999 se restauró para uso administrativo el edificio del siglo XIX ubicado en el número 16 del patio de Banderas, os arqueólogos encargados de los trabajos realizaron un sorprendente escubrimiento detrás de un muro: una imponente puerta de herradura dentificada con la entrada original al Alcázar.

Visible en el salón de actos del inmueble, la puerta tiene nueve metros e alzado y se encuentra flanqueada por sendos torreones de sillares e piedra. En la bóveda del arco se observan dos buzones matafuegos erámicos; sistema destinado a verter agua desde la muralla ante posibles ncendios causados en un asedio.

Curiosamente durante la restauración al desmontar las losas del suelo e halló en el reverso de tres de ellas una inscripción latina parte de un edestal conmemorativo del siglo II dedicado a la diosa Minerva por el uerpo de olearios de Hispalis, los comerciantes de aceite de la Sevilla omana. Posteriormente, entre los siglos V y VII, se transformó para su uso como mesa de altar o lápida funeraria en la época paleocristiana y isigoda.

La otra cara de la puerta cegada puede observarse en la calle Joaquín Romero Murube, un arco en el muro, en un nivel inferior de la calle y a menudo cubierto por la vegetación. Esta era la entrada original al alcázar musulmán del siglo XI, que daba también paso a la ciudad. Más tarde este acceso fue eliminado tras la ampliación iniciada por los almorávides y la reforma urbana del área portuaria emprendida por los almohades en el siglo XII, al ubicar la entrada a la ciudad en la puerta de Jerez.

Hasta que no se abrió la calle Joaquín Romero Murube en los años sesenta el acceso al barrio de Santa Cruz, a la judería, se hacía por el postigo de entrada al patio de Banderas, que desde tiempo antiguo se usaba como corral de vecinos.

La Sevilla más antigua

La antigüedad de esta zona queda certificada por las excavaciones desarrolladas en el patio de Banderas y que han posibilitado el descubrimiento de los vestigios de actividad humana en Sevilla más antiguos que se conocen hasta la fecha. Así se halló un fondo de cocina u horno que data del siglo VIII a.C., en los últimos años de la era del Bronce, cuando los historiadores datan el origen de la capital andaluza, todavía a orillas del mar. Otro curioso descubrimiento fue un relieve de un falo con cola de león y dos patas de bóvido en movimiento, posiblemente indicando el uso como prostíbulo en un edificio romano.

PLAZA DE SANTA MARTA

Un oasis oculto y mágico

Plaza de Santa Marta

A través de un callejón ciego o adarve, como se denominaban en las ciudades medievales, se accede al mágico espacio de Santa Marta, una pequeña plaza trapezoidal que en primavera recibe con aroma de jazmín y de azahar al visitante.

La placita es un verdadero oasis oculto en el concurrido entorno de la catedral. En su centro, se encuentra un crucero escoltado por seis naranjos (los más altos de Sevilla ya que por la estrechez de la plaza tienen que estirarse para buscar la luz) y un calvario renacentista que, por un lado, muestra a un Crucificado y, por el otro, a una Piedad. El calvario fue diseñado por Hernán Ruiz (el constructor del campanario de la Giralda) y esculpido por Diego de Alcaraz en el siglo XVI.

El crucero posee el nombre de San Lázaro porque desde 1564 se encontraba en las afueras de la ciudad frente a la leprosería de San Lázaro (ver página 288), en el camino real que venía del monasterio de San Jerónimo.

A la salida y en la pared izquierda de la callejuela pueden aún encontrarse restos de la antigua mezquita de los Osos: dos ventanas con arco polilobulado con un arco apuntado interno cegado. Esta mezquita tuvo que ser un edificio relevante por su cercanía a los Reales Alcázares, pudiendo haber servido como oratorio del barrio, anterior a la construcción en 1198 de la vecina mezquita mayor con su alminar (la actual Giralda). Con la conquista cristiana de la ciudad en 1248 pasó a ser propiedad del cabildo catedralicio que en 1385 cedió el edificio a Ferrán Martínez, el arcediano de Écija, instigador de las revueltas que acabaron con la judería sevillana seis años más tarde (ver página 184). Aquí fundó el hospital de Santa Marta, de estilo mudéjar, que siglos más tarde acogería a las monjas agustinas exclaustradas del convento de la Encarnación en 1811 tras la ocupación francesa, cuando este fue demolido para levantar el mercado del mismo nombre. Con las monjas se mudó también el nombre del convento.

La leyenda ubica también entre los muros de esta plaza el rapto de doña Inés por don Juan Tenorio.

Recortes de la Sagrada Forma

En el convento de la Encarnación situado en la plaza del Triunfo, 3, es posible adquirir las obleas finas y blancas de pan ácimo, evidentemente sin consagrar, realizadas artesanalmente por las monjas cada día. Una tradición anacrónica de la ciudad que aún pervive.

CASA DE LAS CONCHAS

Casi una centena de rosetones diferentes

Mateos Gago, 26

En la esquina de las calles Mesón del Moro y Mateos Gago se levanta un extraño edificio regionalista construido en 1917 por el arquitecto sevillano Aníbal González cuya fachada está cubierta por casi una centena de pequeños rosetones de ladrillo tallado, todos con un diseño diferente.

Entre la gran cantidad de relieves que presenta se puede decir que solo hay una concha, perdida entre animales (pájaros, caballo, lechuza...), figuras humanas (músicos, indios...), elementos vegetales, motivo alegóricos...

El nombre que popularmente se le dio en Sevilla se debe a que recuerda a la célebre Casa de las Conchas de Salamanca.

EN LOS ALREDEDORES

Baños árabes del Mesón del Moro

Mesón del Moro, 6

Situado donde se localizaba una de las puertas principales del barrio judío, un edificio usado en la actualidad como restaurante acoge el baño árabe mejor conservado de Sevilla. Datados en el siglo XII, darían servicio a alguna mezquita cercana como la de los Osos (ver página 172). Más tarde los baños formaron parte del histórico «Mesón del Moro» que dio nombre a la calle y que fue creado en 1495 por un privilegio de los Reyes Católicos para albergar a los musulmanes que visitaran la ciudad.

Baños árabes del bar Giralda

Mateos Gago, 1

De los baños árabes del bar Giralda se conserva el espacio central, cubierto mediante una cúpula octogonal y enmarcado por cuatro arcadas con columnas de mármol de orden toscano. Probablemente esta fuera la sala templada de los baños, flanqueada por dos estancias más, cubiertas por bóvedas de cañón: las salas fría y caliente. Datados en el primer cuarto del siglo XII, eran los más cercanos a la que fuera mezquita Aljama de la ciudad, donde hoy se encuentra la catedral.

ESCUELA DE CRISTO

(2

La plaza secreta del barrio de Santa Cruz

Calle Don Carlos Alonso Chaparro, s/n
Domingo y festivos a las 11 h

En el laberinto del barrio de Santa Cruz, en una minúscula plaz desconocida para propios y foráneos, se ubica una de las institucione más singulares y herméticas creadas en el Barroco: la Escuela de Cristo

Tomando una callejuela que sale de la calle Ximénez de Enciso atravesando una puerta al fondo, se accede a una recoleta placita dond se ubica el oratorio de la escuela a la izquierda. Las paredes encalada con macetas de flores, una cruz de forja sobre una columna de mármo

anco, naranjos y limoneros, retablos cerámicos... son elementos que le :organ un sabor especial.

Creada en el año 1793 la Escuela de Cristo de la Natividad es la única ıe queda de las tres que llegaron a existir en Sevilla, con una veintena de ermanos en la actualidad. La institución se fundó a mediados del siglo VII en Madrid por el siciliano Juan Bautista Ferruzzo con la intención : promover una espiritualidad más austera e intimista. Cada escuela, : las que llegaron a contabilizarse más de 400, está presidida por un cerdote denominado Padre Obediencia. Solamente podían llegar a ner 72 hermanos hombres, a lo más 24 sacerdotes y 48 seglares, tantos omo los discípulos que acompañaron a Cristo (ver abajo) ya que si ıperaban este número se debía fundar una nueva escuela.

Como en todas las Escuelas de Cristo se dispone de un oratorio residido por un *Stabat Mater* formado por un Crucificado y una irgen arrodillada a sus pies, donde los hermanos, iluminados solo or velas, efectuaban sus ejercicios, meditaciones y mortificaciones orporales. Hasta los años 1960, cuando se realizaban estas prácticas e disciplina, se colocaban dos cráneos a los pies del altar con una cruz ormada con dos tibias. Estos huesos humanos se guardan ahora en un ajón del oratorio.

Entre su patrimonio se conserva un equeño Crucificado, obra de finales del glo XV atribuida al imaginero Pedro Millán, que tiene la particularidad de tener sangre de cristal rojo. Asimismo cuenta on dos belenes de gran valor. En el creado or Cristóbal Ramos del XVIII, uno de los ermanos de la Escuela encontró un curioso ecreto: escritos en tablillas, los nombres de os hermanos difuntos de la congregación se scondían en el lugar más simbólico, debajo e los cojines del pesebre del Niño Jesús.

Los 72 discípulos de Jesús

Los setenta y dos discípulos, conocidos en la tradición del cristianismo oriental como los Setenta Apóstoles, fueron los primeros emisarios de Jesús, como se menciona en el Evangelio de Lucas (10:1-24).

Por una puerta ubicada en el frente de la plaza se accede a través de la sacristía a la iglesia de Santa Cruz, por la que se puede salir a la calle Mateos Gago.

EL ÚLTIMO LIENZO DEL MURO DE LA JUDERÍA

Protegido por ruedas de molino

Calle Fabiola, 1

La judería sevillana constituía una ciudad dentro de otra ciuda[d] cercada por un muro que la protegía de amenazas y posibles asalto[s]. En la calle Fabiola se encuentra el único vestigio de este muro interi[or] que partía del Alcázar y enlazaba con la muralla exterior de la ciuda[d]. Al pie de este lienzo se observan unas ruedas de molino usadas pa[ra]

otegerlo de los daños provocados por los ejes de los carruajes. La ofusión de estas protecciones por toda la ciudad antigua habla del an número de molinos que existían en los ríos de Sevilla.

La muralla encerraba las actuales parroquias de Santa Cruz, ın Bartolomé y Santa María la Blanca, que corresponden a las tres ezquitas que Alfonso X en 1252, tras la conquista cristiana, cedió a s consejeros y tesoreros judíos para que fueran las sinagogas de su munidad, procedente mayoritariamente de Toledo.

Al caer la noche se cerraban las puertas de la muralla protegiendo a las rca de 500 familias que vivían allí, unas 3000 personas que constituían ıa décima parte de la población de Sevilla. Frente a la iglesia de San icolás, se hallaba una de las puertas interiores que conectaba con el sto de la ciudad: de aquí partía la vía principal de la judería, la actual lle San José, que terminaba en la puerta de la Carne. Esta puerta, que e conocida anteriormente como de las Perlas o de Minjoar, era la salida incipal en la muralla exterior abriéndose al campo y al cementerio de comunidad hebraica. Otra puerta, en la actual calle Judería, era la vía acceso al recinto real, en el Alcázar.

En su aljama, los judíos tuvieron su propia jurisdicción y autoridades, ero pagando impuestos especiales tanto a la Corona como a la Iglesia. ntre los oficios más comunes de la comunidad hebraica se encontraban édicos, boticarios, comerciantes, artesanos, prestamistas, cambistas, etc.

A finales del siglo XIV se produjeron violentos asaltos, instigados or el religioso Ferrán Martínez, que causaron la muerte y la huida muchos de sus habitantes. A partir de ese momento la judería esaparece como espacio errado: paulatinamente, lo largo del tiempo van estruyendose muros y uertas (la de la Carne ı el XIX) y abriéndose spacios y calles.

En la actualidad, ervive su trazado urbao y escasos restos (ver bajo) que recuerdan el gado de los judíos que abitaban en Sevilla, que n ese tiempo tuvieron ue exiliarse de su patria, e Sefarad.

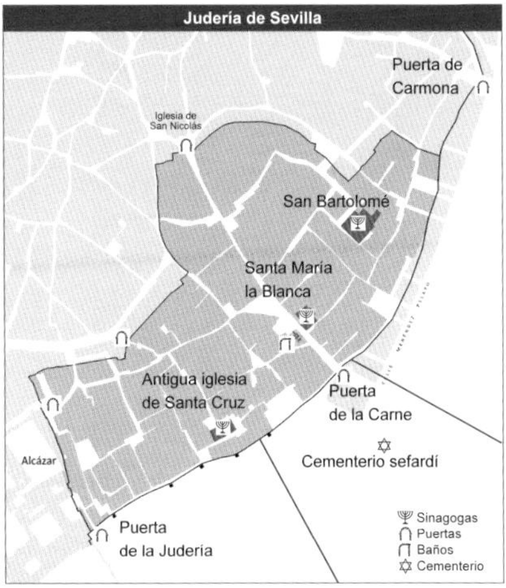

Basado en Gil (2013)

Para más vestigios de la judería, ver doble página siguiente.

Vestigios de la judería

Ademas del lienzo del muro de la judería (ver páginas anteriores) y de su llave (ver enfrente), quedan pocos vestigios de la aljama hispalense: sí contó con tres importantes sinagogas que se establecieron en sendas mezquitas tras la conquista de la ciudad en el siglo XIII, que un siglo más tarde fueron reutilizadas como iglesias cristianas.

Santa María la Blanca (calle Sta. María la Blanca, 5), fue la sinagoga mayor sevillana y se convirtió en iglesia cristiana tras los asaltos a la judería de 1391. Es el único templo que conserva restos

de las tres religiones: algunos muros se han identificado con los de la antigua mezquita. Los arcos de la nave central, revestidos de yeso en la época barroca, son los mismos de la sinagoga mudéjar, cuya planta coincide en gran medida con la iglesia actual. En la entrada lateral de la calle Archeros, llamada así porque aquí se alojaron los arqueros reales en la boda de Carlos V, se conservan **dos columnas romanas** coronadas por capiteles visigodos que en origen soportaban los arcos de la sinagoga.
La segunda sinagoga se transformó en el siglo XIII en Iglesia de **Santa Cruz**, y tras su derribo en el XIX dio lugar a la actual plaza de Santa Cruz. De la sinagoga quedan **cuatro columnas** en la gran verja de los jardines del pabellón de Chile (ver página 242).
El último templo judío fue derribado a finales del siglo XVIII cuando se edificó la actual iglesia de **San Bartolomé** (ver página 185). Se ubicaba en el barrio que quizás conserve un aire más sefardita en su trazado laberíntico y en la estrechez de sus callejuelas. Para comprobarlo solo hay que caminar por la calle Verde o la calle Levíes, que toma su nombre de una importante familia judía que tuvo aquí su casa palacio.

La llave de la judería

Custodiada en el Tesoro de la Catedral, la llave de la judería es una llave de plata sobredorada que lleva en su vástago la inscripción en castellano: *«Dios abrirá, Rey entrará»*. Decorada con un dado que tiene grabado en cada frente un navío y una galera y un nudo esférico con castillos y leones, lleva escrito en hebreo *«El Rey de los Reyes abrirá, el Rey de la Tierra entrará»* en la orla del perfil. Buscando la protección real, esta llave fue ofrecida por los notables de la judería a Fernando III cuando hizo su entrada simbólica en las murallas de la ciudad un mes después de que se rindiera Sevilla, el 23 de Noviembre de 1248. Antes, el caudillo musulmán Axataf se había arrodillado ante el monarca para entregarle también la llave de la ciudad en señal de vasallaje, la cual se conserva junto a la llave judía.

LA BOMBA DEL PALACIO DE MAÑARA

Una lluvia de fuego y metralla que duró ocho días

Dirección General de Bienes Culturales. Junta de Andalucía.
Calle Levíes, 27
Tel.: 955 03 67 33
visitas.altamira.ccul@juntadeandalucía.es
Visitas guiadas martes y jueves, de 11 a 12:30 h (incluye visita al palacio de Altamira)
Entrada libre

A la izquierda de la portada del palacio renacentista de Miguel Mañara, sobre un antiguo azulejo de seguros, está colocada manera insólita una pequeña bomba esférica. Este proyectil es un cuerdo del bombardeo al que sometieron a Sevilla las tropas del neral Espartero a mediados del siglo XIX.

El general Baldomero Espartero fue un popular militar español, uy destacado en las batallas contra los independentistas americanos como vencedor de la primera guerra carlista. Asumió de forma toritaria la regencia en la minoría de edad de Isabel II, lo cual provocó vantamientos en muchas ciudades del país, entre ellas Sevilla.

Los ciudadanos, ante un posible ataque, decidieron, con el apoyo del yuntamiento, armarse y fortificar de la ciudad. El 18 de julio de 1843, s vigías desde la Giralda dieron la voz de alarma al divisar las tropas del gente. Durante ocho días consecutivos, Sevilla recibió una lluvia de uego y metralla desde las posiciones artilleras situadas frente a dos de las uertas de la muralla: Osario y Carmona. Durante el sitio, se arrojaron nás de 600 bombas y 900 balas rasas, principalmente en los barrios de a puerta de la Carne, Osario, San Bernardo y San Bartolomé, dejando nuchas casas destruidas y calles llenas de escombros así como multitud le muertos y heridos.

Los sevillanos se negaron a llegar a ningún acuerdo de rendición, lispuestos a *triunfar* o *perecer*, haciendo frente con pocos medios y scasa experiencia militar. La falta de apoyo político hizo que el 28 le julio Espartero cesara las hostilidades contra Sevilla para embarcar hacia el exilio en Inglaterra. Como recompensa por la heroica defensa, el Gobierno concedió a la ciudad en nombre de Isabel II el título de nvicta, colocándose una corona cívica en su escudo.

Palacio de Mañara

En 1623 el genovés Tomás Mañara, cargador de Indias, compró y actualizó este palacio renacentista, uno de los más destacados de Sevilla. Fue la casa natal de su hijo, Miguel Mañara, impulsor de la Hermandad de la Santa Caridad. Durante los siglos XVIII y XIX tuvo los más diversos usos: doméstico, militar (durante la invasión francesa fue cuartel del mariscal Soult), fabril, religioso y, por último, escolar. En 1989 fue comprado por la Junta de Andalucía para sede administrativa.

Origen del nombre de la calle Levíes

El nombre de esta calle hace referencia a una familia judía de noble linaje que en el s. XIV tuvo aquí su palacio y de cuyos miembros el más famoso fue Samuel Leví, el tesorero de Pedro I.

LA FUENTE JUDÍA DEL PALACIO DE ALTAMIRA

2

Uno de los escasos vestigios de la judería medieval sevillana

Consejería de Cultura. Junta de Andalucía
Santa María La Blanca, 1
Tel.: 955 03 67 33
visitas.altamira.ccul@juntadeandalucía.es
Visitas guiadas: jueves no festivos a las 11 h (incluye visita al Palacio de Mañara)
Entrada libre

Considerada uno de los escasos vestigios de la judería medieval sevillana, una hermosa fuente de alicatado del siglo XIV se localiza en una habitación a la izquierda del patio de entrada del palacio de Altamira.

Este valioso secreto vio la luz gracias a las obras realizadas para su actual uso administrativo, donde además se recuperaron unos impresionantes artesonados policromados mudéjares.

En el lugar ocupado por este palacio, se encontraba una de las casas más importantes de la antigua judería, a la cual se accedía por el callejón de las Dos Hermanas. Esta fuente puede constituir el único elemento conservado de la casa judía original, testigo mudo de terribles acontecimientos que la ciudad guarda como dormidos.

El primer propietario de la casa fue Yusuf Pichón, miembro de una rica familia que, en 1371, fue nombrado Contador Mayor Real por Enrique II, un importante cargo en la Hacienda Pública. Ocho años más tarde Pichón fue asesinado durante las celebraciones de la coronación de Juan I, en una conjura de sus propios correligionarios y otros nobles castellanos. Los judíos en esa época tenían el privilegio de hacer justicia de sangre entre ellos, para lo cual necesitaban un *albalá*, una autorización real que el rey firmó sin conocer al condenado. Cuando el rey supo que don Yusuf había sido degollado, mandó ajusticiar a los instigadores, eliminando desde ese momento este privilegio.

Más tarde la casa pasó a manos del judío Samuel Abravanel, también Contador Mayor, que en los tiempos de las terribles persecuciones contra los de su religión adoptó el nombre converso de Juan Sánchez de Sevilla.

El gran pogromo contra los judíos sevillanos que ocurrió en 1391, tras años de prédicas antijudías del arcediano de Écija, Ferrán Martínez, provocó el saqueo de las casas de la judería y la muerte de un gran número de sus habitantes. De manera que el converso Juan Sánchez no tuvo más remedio que vender sus casas en 1397 a Diego López de Stúñiga, Justicia Mayor del reino, que más tarde edificaría la mansión que daría lugar al palacio de Altamira.

EN LOS ALREDEDORES

La última sinagoga

(26)

Calle Virgen de la Alegría, 2

El templo neoclásico de San Bartolomé se levantó en el solar de la última sinagoga sevillana, demolida en 1779. Previamente, esta se había reutilizado como iglesia desde que por Orden Real se remodelara el arrasado barrio judío y se reconvirtieran sus tres sinagogas (ver página 180). Estrechas calles como Verde o Archeros recuerdan el antiguo entramado urbano de la judería medieval.

EL RETABLO CERÁMICO DE FERNANDO III EL SANTO

(2

Uno de los escasos paneles cerámicos barrocos que se conservan

Calle Cano y Cueto, 7

En la parte alta de una casa patio del siglo XVII, en el número 7 de la calle Cano y Cueto, se esconde un imponente retablo cerámico dedicado al rey Fernando III de Castilla, datado a mediados del siglo

XVIII. Fabricada en Triana por un artista desconocido, esta pieza excepcional es uno de los escasos retablos cerámicos barrocos que se conserva, ya que durante el siglo XIX por iniciativa del Ayuntamiento se desmantelaron casi todos los altares públicos e imágenes sagradas de la ciudad.

En el retablo aparece la figura frontal del rey, con un sencillo paisaje de ocres y azules al fondo, blandiendo en su mano derecha su famosa espada *Lobera*, la cual se conserva en el museo catedralicio, y portando en la izquierda el globo terráqueo como muestra del poder máximo.

Sus símbolos regios son la capa de armiño y la corona de oro con pedrería, cerrada con una cruz sobre globo. En el pecho, sobre la armadura, luce la Cruz de Malta. La santidad se muestra en el nimbo, el círculo luminoso en su cabeza.

La leyenda de la primera vez que el rey santo durmió en Sevilla

Una curiosa y antigua tradición popular refería que en este lugar, junto a la desaparecida puerta de la Carne, se encontraba la casa donde el rey durmió la víspera de su entrada en Sevilla, el 22 de diciembre de 1248, una vez finalizado el plazo de un mes dado a la población musulmana para que abandonara la ciudad. Este presunto hecho hizo que a la vivienda se le denominara como la *«casa de una noche»*. Probablemente la existencia del retablo originó la leyenda, y no la realidad histórica.

La procesión de la espada Lobera

Desde que el cuerpo de Fernando III fue colocado en un sepulcro de la capilla real de la catedral de Sevilla, la devoción popular fue en constante aumento hasta su canonización en 1671, convirtiéndose más tarde en patrono de la ciudad. Todavía se conservan ritos ancestrales para recordar al monarca, como la procesión de la espada que instauró su hijo Alfonso X en 1255, en la que cada 23 de noviembre el alcalde recorre las naves de la catedral con la espada tomada por la punta.

Puerta de la Carne

De la puerta de la Carne, que estuvo situada en el cruce de las calles Santa María la Blanca y Cano y Cueto, no queda un solo vestigio después de su derribo en 1864. Fue la puerta principal de la judería en la muralla y su nombre le viene de mediados del XV, por haberse construido cerca del mercado de la carne, situado extramuros.

LA TUMBA SEFARDÍ

2

El cementerio judío medieval dentro de un aparcamiento

Parking Cano y Cueto
Calle Cano y Cueto, 2
Abierto todos los días, las 24 horas

En la primera planta del aparcamiento de vehículos situado junto a la puerta norte de los jardines de Murillo, frente a la plaza número 9 y a la derecha de la rampa de entrada se muestra tras un cristal un gran cilindro formado con ladrillos.

Descubierto durante las obras de construcción del parking entre 1996 y 1997 junto a un gran número de enterramientos, este tesoro arqueológico desconocido es nada menos que una tumba judía medieval. Tras el estudio y retirada de los vestigios encontrados afortunadamente se decidió dejar un enterramiento como testigo del hallazgo.

La tumba mostrada, un ataúd ligeramente trapezoidal construido en ladrillo y de forma abovedada de medio cañón, está en perfecto estado. El cadáver se colocaba en posición decúbito supino, con los brazos extendidos a ambos lados del cuerpo, las palmas de las manos hacia abajo, con el cráneo apuntando hacia el oeste-noroeste y la cara mirando al este, hacia Jerusalén según la ley mosaica.

Este cementerio hebraico se instaló extramuros de la puerta de la Judería, también denominada de Minjoar y posteriormente puerta de la Carne, hasta su demolición en 1864 (ver página 179).

El inicio de la necrópolis principal de la comunidad judía sevillana coincide con el establecimiento de la Aljama, alrededor de 1250, después de la conquista cristiana de la ciudad, y dura hasta la definitiva salida de los judíos de la ciudad en el verano de 1484, aunque se ha constatado en momentos posteriores la inhumación de conversos siguiendo ritos judaizantes. La extensión de la necrópolis llegaría desde esta zona hasta el barrio de San Bernardo. De su importancia da muestra que en esta intervención se excavaron casi dos centenares de tumbas que se unirían a las 146 encontradas en 1992 en la obra de la cercana Diputación Provincial.

En este mismo cementerio, pero en un sector donde las tumbas hebreas eran inexistentes, los arqueólogos se toparon con sorpresa con un conjunto de enterramientos de esclavos de la época moderna (siglo XVI e inicios del XVII) con rasgos claramente negroides.

EL MIGUELETE

29

La veleta de la Fábrica de Artillería

Avenida Eduardo Dato, 58

Seguramente muchos no notan su presencia por su ubicación en una posición tan elevada: vigilante de los cielos en el barrio de San Bernardo, un soldado con la bayoneta calada indica la dirección de los vientos sobre la cúpula de la linterna principal de la antigua Real Fábrica de Artillería.

Fabricada en la segunda mitad del siglo XVIII, esta gran veleta, realizada en hierro y cobre, representa un soldado con uniforme de artillero, conocido popularmente como el Miguelete, portando sable y mosquetón con bayoneta. La punta del arma indica la procedencia del viento gracias al impulso del vuelo de la casaca.

La veleta se encontraba muy afectada tras más de dos siglos sufriendo las inclemencias climáticas, por lo que fue restaurada en 2019.

La Real Fábrica de Artillería era un importante complejo de construcciones concebido para uso industrial y armamentístico que ha sufrido un profundo proceso de restauración para su dedicación como centro cultural y artístico, después del abandono sufrido desde su cierre en 1991. La elegante portada barroca se encuentra presidida, bajo las armas reales, por un reloj que marcaba los tiempos fabriles de la instalación y que está dedicada a Daoiz y Velarde, los héroes del Dos de Mayo con cuyo nombre se bautizaron los leones que aquí se fundieron para guardar la entrada del Congreso de los Diputados.

En este mismo lugar se estableció en 1565 la Fundición de Campanas y Cañones de Juan Morel, cuyo sucesor Bartolomé Morel realizaría allí El Giraldillo y varias campanas de la Giralda. En 1634 pasó a manos de la Corona española y a finales del siglo XVIII se reformó profundamente quedando como el magnífico edificio barroco que hoy se conoce.

Esta fábrica ha sido testigo de momentos fundamentales de la historia. De aquí salieron los cañones que defendían los mares del Caribe del ataque de los piratas. En 1783 se le encargó la construcción de los cañones con los que la Corona de España ayudó a los colonos norteamericanos a independizarse de Inglaterra. También se fundieron armas tan poderosas como *El Destruidor* o *El Tigre*, del cual salió el disparo que en 1797 en la batalla de Santa Cruz de Tenerife arrancó un brazo al almirante Nelson, que más tarde se haría famoso por la batalla de Trafalgar.

LA ALBERCA DE LOS JARDINES DE LA BUHAIRA

30

La huerta de los reyes andalusíes

Avenida de la Buhaira, 20
Abierto todos los días, de 8 a 22 h
Entrada libre

Fuera de los circuitos turísticos, en el barrio conocido como Huerta del Rey, los jardines de la Buhaira se ubican donde se encontraba el conjunto de jardines y huertas y el palacio que mandó construir en 1171 Abu Yaacub Yúsuf, el califa almohade de Sevilla.

El elemento más interesante del recinto es la enorme alberca, de unos 40 metros de lado, que se situaba junto al palacio. Esta se alimentaba desde el antiguo acueducto de los caños de Carmona, reconstruido también por el califa sevillano (ver página 128), que tras hacer funcionar varios molinos, recogía el agua para, a través de acequias, regar huertas y jardines. La alberca además constituía un espacio de recreo y relajación en los duros veranos sevillanos.

Desde que se descubrió en 1971, las diferentes excavaciones arqueológicas han ido sacando a la luz, además de la gran alberca, los restos del palacio antiguo, del acueducto y de las acequias y la antigua puerta mudéjar.

A finales del siglo XIX, tras el derribo de los deteriorados restos del palacio antiguo, se levantó un pabellón de estilo neomudéjar con la intención de recordar el esplendor pasado. En la actualidad es usado como centro cultural. Junto a esta edificación puede observarse la planta y el comienzo de pilares y muros del palacio original.

La antigua puerta mudéjar, ubicada en el jardín junto a la Fábrica de Artillería, era la entrada principal y en las antiguas crónicas se le denominaba *«de escudos y espadas quebradas»*. ¿Cuántas batallas y escaramuzas guerreras habrán tenido lugar frente a ella a lo largo de la historia?

El proyecto del palacio y los jardines fue dirigido por Ahmed ben Baso, conocido como *«el jefe de los que edificaban en Al-Ándalus»*, el mismo arquitecto encargado de levantar unos años después la mezquita mayor y su alminar, la actual torre de la Giralda. Su nombre proviene de la gran laguna, Al-Buhayra, que un siglo antes mandó desecar y nivelar el rey-poeta Al-Mutamid para la construcción de una serie de estancias y huertas de recreo. De todo el conjunto ya se tenía mucha información gracias a las crónicas que se conservan de la época. Estos palacios andalusíes o almunias incluían además de sus espacios residenciales, muros y torres de vigilancia, jardines, huertas, olivares y frutales, acequias y albercas..., donde los expertos agrónomos musulmanes desplegaban todos sus saberes. El jardín como metáfora del paraíso, como se recoge en el Corán.

N
PUENTE DEL CRISTO DE LA EXPIRACIÓN
PLAZA DE CHAPINA
Ronda de Triana
PLAZA VIRGEN DE LA AMARGURA
Calle Alfarería
Calle Castilla
Calle Tejares
Paseo Nuestra Señora de la O
Calle Manuel Arellano
C. Cl. de Jesús Montero
Calle Mosquera de Figueroa
Calle Juan de Pineda
Calle Ancora
PLAZA DE ALFONSO JARAMILLO
C. José Cruz Auñón
Calle de Alfarería
Calle Castilla
Calle San Vicente Paul
C. Ignacio Gómez Millán
Calle
Ronda de Triana
Avenida de Santa Cecilia
PLAZA CALLAO
Calle Antillano Campos
Avenida de Coria
PLAZA ZURRAQUE
PUENTE DE ISABEL II
C. V. Flores Navarro
PLAZA DEL ALTOZANO
PLAZA DE SAN MARTIN DE PORRES
Calle San Jacinto
TRIANA
Pagès del Corro
Calle Pureza
C. Condes de Bustillo
Calle Justino Matute
Calle Leiría
C. Rodrigo de Triana
Calle Asturias
Calle Betis
Calle Evangelista
C. Pelay Correa
Calle Evangelista
C. Luca de Tena
C. Prosperidad
Calle Esperanza de Triana
Calle López de Gomara
Calle Constancia
PLAZUELA DE SANTA ANA
Calle Febo
Calle Betis
Calle Trabajo
C. Farmacéutico M. Herrera
Calle Pureza
Calle Virgen de Fátima
Calle Ardilla
Calle Troya
Calle Salado
Calle Paraíso
C. Génova
C. Fortaleza
Avenida de la República Argentina
Parque de los Príncipes
PLAZA DE CUBA
PUENTE DE SAN TELMO
Calle Niebla
Plaza de Cuba
C. Virgen de Aguas Santas
Calle Virgen de África
Calle Miño
Calle Arcos
C. Virgen de Begoña
Calle Virgen del Valle
Calle Asunción
Calle Virgen de la Victoria
LOS REMEDIOS
Calle Fernando IV
Calle Monte Carmelo
Calle Juan Sebastián Elcano
Guadalquivir (Canal de Alfonso XIII)
Paseo de las Delicias
Calle Padre Damián
Calle Juan Ramón Jiménez
Calle Virgen de Loreto
Calle Virgen de Luján
Calle Virgen de la Cinta
Calle Fernando IV
Avenida Flota de Indias
GLORIETA DE LAS CIGARRERAS
0
100
1
2
3
4
5
6
7
8
9
10
11
12
13
14
15
16

Triana y Los Remedios

VESTIGIOS DE LAS REALES ALMONAS DE TRIANA

①

Cuando Sevilla exportaba jabón a todo el mundo...

Calle Castilla, 39

Junto a la iglesia de Nuestra Señora de la O, una sencilla portada da paso a un callejón que conecta con la orilla del río. Este desnudo arquillo es uno de los pocos vestigios de las Reales Almonas de Triana, donde se produjo jabón desde el siglo XV hasta su clausura, a principios del siglo XX, a pesar de su remodelación en 1906.

Un azulejo a su entrada recuerda la importancia de esta industria, considerada como la primera empresa capitalista de Sevilla en el siglo XV.

Si se sigue la calleja hasta el paseo del río, a la derecha aparecen otros restos aún más antiguos: un arco ciego y una enorme y extraña

estructura de ladrillos que se integran en la parte baja de los edificios.

Las almonas eran unas fábricas de jabón que se ubicaban en el tramo comprendido entre este arquillo y el callejón de la Inquisición. Aquí se elaboraba el jabón sevillano, famoso en el mundo entero, y en esta misma orilla del río se encontraba el muelle donde se recibían los materiales para su fábrica y donde se embarcaba el producto finalizado para Inglaterra, Flandes, América y todo el Mediterráneo.

El jabón se fabricaba en dos modalidades: en primer lugar el conocido como prieto o blando, un producto oscuro con base de potasa, pero el más cotizado era el jabón blanco o duro, gracias a la innovación del uso de la sosa. Este llegó a ser considerado superior al producido en las mejores factorías europeas como las de Savona (Italia) y Marsella (Francia). Para su elaboración se contaba con el excelente aceite de oliva del Aljarafe sevillano y la sosa que se obtenía de las cenizas del almajo, una planta de las cercanas marismas, y se perfumaba con almizcle, ámbar o menta.

De origen musulmán, tras la conquista castellana las almonas pasaron a manos de la corona. A finales del siglo XV fueron otorgadas por privilegio real a los Enríquez de Ribera, duques de Alcalá, propietarios del fastuoso palacio renacentista de la casa de Pilatos (ver página 116). Estos a su vez cedieron el monopolio a terceros a cambio de importantes rentas, primero a destacados empresarios de origen genovés y más tarde a la familia de los Wesler, responsables del prestigio del producto con el nombre comercial de Jabón de Castilla. De su importancia queda constancia en el famoso grabado de Simon van der Neuvel (1572).

EN LOS ALREDEDORES

Corral de las flores (2)

Calle Castilla 16

Triana era el barrio sevillano con más profusión de corrales de vecinos, patios de pequeñas viviendas donde se compartían los espacios comunes. Este corral es uno de los más antiguos de Sevilla, construido en 1903, y uno de los más floridos. Es muy curiosa la zona del lavadero comunitario al que se suministraba el agua desde el pozo contiguo. Además en su parte trasera tiene un mirador que da al río.

PANEL CERÁMICO DE LOS VAPORES DEL GUADALQUIVIR

Cuando la playa comenzaba en Triana...

Restaurante Casa Cuesta
Calle Castilla, 1

En la trianera calle Castilla, en la pared del restaurante Casa Cuesta, un gran panel cerámico datado en la década de 1920 muestra la imagen de un vapor con rueda de palas surcando el Guadalquivir. Al barco, que navega a toda máquina, saludan desde la orilla dos vaqueros con su caballo y su perro, en un descanso de su trabajo en la cría de toros bravos. En primer plano aparece el pabellón de la compañía marítima, una vistosa bandera rectangular de color azul marino con una cruz de Malta en rojo.

El panel constituye un destacado elemento publicitario de la compañía de vapores *Sevilla-Sanlúcar-Mar* que fue creada en el año 1922 por el marqués de Olaso. El primer barco y buque insignia de su flota, el vapor a paletas *San Telmo*, fue construido en Inglaterra en 1876 y comprado por Luis de Olaso en 1921. A este barco se unirían a continuación los vapores *Bajo de Guía*, *Sanlúcar* y *Cádiz*, todos con sus chimeneas pintadas en rojo y negro.

El trayecto se realizaba varias veces al día con una duración de cuatro horas y media y durante todo el año, aunque con mayor frecuencia en os meses de verano, ya que Sanlúcar (Cádiz) era la playa sevillana por excelencia. Estos barcos incluían comodidades como salones, comedores de primera y segunda, luz eléctrica, calefacción... e incluso, en el más lujoso de ellos, el *Sanlúcar*, restaurante y salas de lectura y de baile.

La estación de partida de los vapores en Sevilla se ubicaba al lado del puente de Triana, en el edificio conocido como el faro de Triana y en Sanlúcar en el muelle de Olaso, nombrado así en honor al fundador de a compañía de vapores. En 1932 la compañía suspendió sus servicios dedicando al vapor *San Telmo* como pequeño hotel flotante, hasta su desguace en 1935, dejando atrás una época dorada en la que se decía *que a playa empezaba en Triana...*

> Otro panel cerámico similar puede encontrarse en la fachada de una casa particular en la avenida de Andalucía con la calle Martínez de León, en Coria del Río (Sevilla).

EN LOS ALREDEDORES

El faro de Triana: la antigua estación de los vapores

Al lado del puente de Triana se halla un coqueto edificio amarillo oronado con una torre cuadrangular con reloj. Conocido como el faro e Triana, el edificio se construyó en 1924 como estación de partida e los vapores, alojando el despacho de billetes y las oficinas. Por una scalerilla interior se accedía al muelle en la zona baja, donde todavía se uede observar el poste de atraque de los barcos. Cuando la compañía ejó de funcionar la estación perdió su funcionalidad, dedicándose a usos iversos (semillería, abacería...) y desde los años 80 como restaurante.

CENTRO CERÁMICA TRIANA

El lugar donde se fabricaban las cerámicas y los azulejos sevillanos famosos en todo el mundo

Calle Callao, 16
Martes a sábado, de 10 a 14 h y de 17 a 20 h
Domingos y festivos, de 10 a 15 h

La antigua fábrica de cerámica Santa Ana no se ve desde la calle: es un lugar escondido tras edificios de viviendas y algún que otro comercio. Hasta finales del siglo XX estuvo en activo, por lo que se ha podido contar –para su rehabilitación y transformación en Centro de la Cerámica– con multitud de elementos en buen estado de conservación y ubicados en su contexto original.

Con origen en la Edad Media, este alfar fue uno de los últimos centros de producción en la ciudad. En sus mejores momentos llegó a emplear a medio centenar de trabajadores, horneadores, pintores, torneros, etc., que heredaban su oficio de padres a hijos, para fabricar las cerámicas y los azulejos sevillanos famosos en todo el mundo.

Hoy en día, a través de un laberinto en la planta baja, se introduce al visitante en los secretos de la tradición alfarera de Triana. En este recorrido se encuentran varios hornos de cocción cerámica (además de los siete recuperados, se excavaron otros ocho, algunos de ellos del siglo XVI), el pozo de agua, molinos de mineral, depósitos de arcillas y de pigmentos, el torno del alfarero o el tablero donde los pintores trabajaban los grandes paneles de azulejos.

La colección permanente en la planta superior incluye importantes piezas andalusíes junto a otras ideadas por Aníbal González que decoraron la plaza de España (ver página 250) o del marqués de Pickman, renovador de esta industria en su fábrica de La Cartuja, así como curiosos muestrarios de la publicidad en cerámica que se encontraba por toda la ciudad. A destacar la obra de Niculoso Pisano que en el siglo XVI introdujo la nueva manera italiana en la decoración y fabricación de cerámica, dejando una impronta que ha durado hasta nuestros días.

La alfarería fue una actividad principal y diferenciadora del barrio de Triana durante siglos, gracias a su cercanía al río, el fácil acceso a materias primas y la disposición de espacios libres alejados de zonas habitadas. En su cenit, en la época de la Exposición Iberoamericana de 1929, estaban activas más de 20 fábricas.

EN LOS ALREDEDORES

Calle Alfarería ⑤

El nombre de esta calle le viene ni que pintado, ya que aquí se concentraban la mayoría de los ceramistas de Triana. Una de las fábricas más destacadas era la Cerámica Montalván ubicada en el número 23, creada en el siglo XIX y en la actualidad restaurada como hotel donde se han recuperado muchas piezas de interés. A destacar también en el número 22 el taller de Antonio Campos, el último alfarero en activo que todavía queda en esta calle.

LAS BUTACAS DEL CASALA TEATRO

6

Las antiguas butacas del Teatro Bretón de los Herreros de Logroño

Plaza del Altozano, s/n
Mercado de Triana
Puestos 11 y 12
www.casalateatro.com

Ocupando dos puestos del mercado de Triana, entre despachos de verdura, pescados y carne y el bullicio de vendedores y compradores, se encuentra uno de los teatros convencionales más pequeños del mundo, con solo 28 metros cuadrados. Además de su reducido tamaño y de su ubicación en una plaza de abastos (el único mercado del mundo que tiene un teatro), lo más insólito de este escenario de bolsillo es que sus 28 butacas pertenecieron al Teatro Bretón de los Herreros en Logroño, inaugurado en 1880. Los promotores de CasaLa localizaron las antiguas butacas del Bretón que se estaban utilizando en la escuela de teatro Niños Perdidos de Logroño. Al producirse el cierre de este centro se pudieron trasladar a Sevilla en 2012 continuando así su uso en un espacio teatral.

EN LOS ALREDEDORES

Callejón de la Inquisición (7)

A comienzos del siglo XX se denomina como Callejón de la Inquisición a esta vía peatonal que conecta la calle Castilla con el paseo de la O en la orilla del río. Se le llamó así por abrirse en el flanco del castillo de San Jorge, antigua fortificación almohade que en el año 1481 fue ocupado por el Tribunal de la Santa Inquisición (ver página 206). Demolido en el siglo XIX en su solar se instaló en 1823 un mercado de abastos, el antecesor del actual de Triana.

LA VELETA DEL SERENO MARCHENA

El vigilante de los cielos de Triana

Capilla del Carmen
Puente de Isabel II

Pasando el puente de Triana y antes de llegar al mercado, se encuentra la capilla del Carmen construida por Aníbal González en el año 1928. El pequeño edificio de dos cuerpos, capilla y campanario, se edificó con ladrillo visto y cerámica: por su peculiar forma, fue llamado popularmente «el mechero».

Rematando el campanario se observa una veleta de hierro con un peculiar personaje que porta en una mano un farol y en la otra un chuzo, una larga vara terminada en punta metálica. Es el sereno Marchena, también conocido como «el veleta», que tiene una curiosa historia.

Este sereno ejercía su labor de vigilancia nocturna en Triana en la época de Alfonso XII, a finales del XIX. Una noche cerrada se descarrió un toro de lidia que campaba a sus anchas por el barrio, por lo que Marchena se dedicó a avisar a vecinos y transeúntes del peligro. En esas estaba cuando recibió una embestida del animal que, según sus palabras, *«lo levantó por encima de los tejados e incluso llegó a ver los palos de los barcos»*. En su recuerdo su silueta vuela con el viento en la torre del campanario.

En el interior de la capilla se muestra un lienzo dedicado a la Virgen del Carmen datado del siglo XVIII que ya estuvo en la primitiva capilla que existía cuando lo que había era un puente de barcas. Curiosamente, casi nadie cae en la cuenta de que el templete que corona la capilla guarda las figuras de las patronas de la ciudad, las santas Justa y Rufina, y una réplica de la Giralda.

EN LOS ALREDEDORES

La boca del león

Enfrente de la capilla del Carmen se encuentra el edificio del faro de Triana (ver página 199). Bajando a la derecha por las escalerillas, conocidas como del Tagua por el apellido de su constructor, se accede al antiguo muelle. Allí, en una esquina en el muro del faro que da al río, hay una pequeña escultura de piedra blanca con forma de boca de león. Durante siglos cumplió una función muy importante, indicando si habría inundaciones cuando el río crecía. «*¡Al agua le queda una cuarta para llegar a la boca del león!*», se escuchaba.

CENTRO TEMÁTICO DE LA TOLERANCIA DEL CASTILLO DE SAN JORGE

9

Las cárceles secretas de la Inquisición

Mercado de abastos de Triana
Plaza del Altozano (junto al puente de Triana)
Lunes a viernes, de 9 a 13:30 h y de 15:30 a 20 h
Sábado, domingo y festivos, de 10 a 14 h
Entrada libre

Cuando los trianeros están comprando en su mercado a menudo olvidan que pisan los restos de la fortaleza donde estuvo, durante tres siglos, el tenebroso centro de la Inquisición de Sevilla.

Bajando las escaleras del mercado que dan al puente, en la parte izquierda, se accede a la visita subterránea de los restos del castillo de San Jorge, recinto medieval de origen almohade donde desde finales del siglo XV se centralizaron los procesos en busca de herejes y criptojudíos. Estos restos fueron descubiertos en 1990 con las obras de construcción del nuevo mercado.

En el recorrido pueden visitarse restos arqueológicos como la casa del portero, las cuadras, las casas del Nuncio y del notario del Secreto, encargado de redactar los documentos del proceso, la sala de la audiencia, la casa del primer inquisidor y los cuartos de los familiares, servidores laicos de la Inquisición que hacían labores de policía, denunciando y deteniendo a los herejes. Una gran maqueta muestra también que más que un castillo era una auténtica ciudadela con edificios y calles, de las que se ha recuperado en perfecto estado el empedrado con el que estaban pavimentadas, el mismo que tenían las calles de Sevilla en el s. XVII.

También se conserva la Puerta de Barcas, una de las entradas principales que daba a un muelle y a la calzada que comunicaba con el puente de barcas. De las cárceles secretas, divididas en las celdas altas y bajas, todas húmedas e insalubres, no queda nada. Tampoco de la llamada cámara del tormento en la torre de San Jerónimo, que daba a la actual calle Callao.

Aquí los sopechosos eran sometidos a interrogatorios y torturas que les podían llevar en el mejor de los casos a perder la hacienda y a la cárcel. Y en el peor a procesionar por el antiguo puente de barcas que cruzaba el Guadalquivir hacia el juicio público en un Auto de Fe en la plaza de San Francisco y la pena de quema en el siniestro cadalso de Tablada.

El paso del tiempo hizo que se fuera diluyendo la memoria colectiva de este funesto lugar. El abandono y la ruina causada por las continuas inundaciones que obligó la salida de los inquisidores dieron motivo a que se derribara el edificio en 1803 y que posteriormente el Ayuntamiento dedicara el solar a mercado.

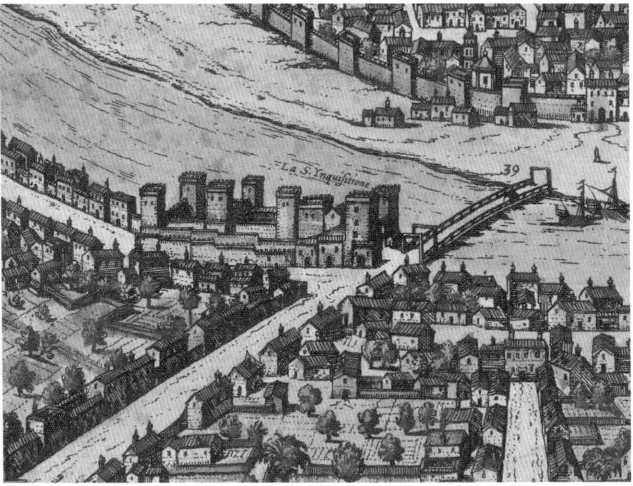

Puente de Triana: inspirado en el puente del Carrousel de París

Hasta el siglo XIX no se contó con una conexión estable y sólida entre las dos orillas del Guadalquivir, entre la capital y el barrio de Triana y, por ende, la fértil comarca del Aljarafe. Aunque parezca increíble, durante siete siglos estuvo en activo el puente de barcas que inicialmente construyó el califa almohade Abu Yaacub Yúsuf en 1171, formado por barcas amarradas con cadenas de hierro, que sustentaban fuertes tableros de madera. No fue hasta el año 1852 que se finalizó la construcción del gran puente actual por los ingenieros franceses Steinacher y Bernadet. Este es considerado el puente de hierro más antiguo de España y un referente de la arquitectura industrial del XIX. Al puente se le bautizó con el nombre de Isabel II, bajo cuyo reinado se construyó, aunque es generalmente conocido como puente de Triana. Desde luego no fue obra de Eiffel, como se ha dicho en ocasiones, quien tenía apenas 12 años cuando se inició la construcción del puente: se usó el modelo del puente del Carrousel de París, obra del ingeniero Antoine Rémy Polonceau. En su diseño planteó una innovadora estructura con aros, muy criticada por su audacia y que le valió incluso la irónica denominación de *«puente de los servilleteros»*. El puente parisino fue demolido en 1930, 100 años después de su construcción, debido a que su baja altura dificultaba la navegación fluvial, para ser sustituido más tarde por otro puente.
Al parecer la elección de este modelo para Sevilla se debió al gran interés mostrado por los duques de Montpensier que conocían el puente del Sena. De hecho el duque Antonio de Orleans, hijo del rey de Francia Luis Felipe I, en 1834 inauguró el puente del Carrousel.
El puente de Triana presenta tres vanos iguales apoyados en dos pilas centrales y todas las piezas de fundición fueron realizadas en la fundición Narciso Bonaplata en Sevilla. Desde el principio el puente sufre todo tipo de modificaciones y reformas, sobre todo con el incremento del tráfico motorizado. Con la instalación de un tablero metálico autoportante en 1977, sus característicos arcos de hierro perdieron su función, quedando solo como elemento estético, una de las imágenes icónicas de la ciudad.

LAS CERÁMICAS DE LA FARMACIA MURILLO ⑩

Un peculiar zócalo cerámico de tema mitológico

Plaza del Altozano, 12
Lunes a viernes, de 9:30 a 14 h y de 17 a 20 h; sábado, de 9:30 a 14 h

La farmacia trianera de la familia Murillo se construyó en 1913 con un diseño del arquitecto José Espiau, que la dotó de una fachada de estilo regionalista de ladrillo y cerámica con arcos lobulados.

En la actualidad mantiene todo su encanto decimonónico, incluyendo los estantes originales con antiguos botes de cerámica decorados y con leyenda impresa.

Del total de 195 piezas de finales del XIX y primer cuarto del XX, algunas proceden de Alemania, aunque la mayoría son de porcelana china opaca de la Cartuja de Sevilla- Pickman (ver página 276) y copas de loza procedentes de Cerámica Montalván (Triana).

Detrás de la mesa de mármol rojo para la atención al público y tras un arco de madera labrada, se encuentra la rebotica, el lugar donde el farmacéutico elaboraba los medicamentos.

A destacar en su interior los impresionantes zócalos realizados por el ceramista Vigil Escalera dedicados a temas mitológicos.

En el de la izquierda aparece Teseo, el héroe mitológico ateniense que mató al Minotauro del laberinto de Creta, simbolizando la victoria sobre la enfermedad.

En el de la derecha esta la figura de Esculapio, Dios de la Medicina, acompañado por sus hijas, Yaso y Panacea.

Teseo era también el nombre del laboratorio que existió adosado a la farmacia. Su símbolo incluía al héroe mitológico dentro de un triángulo formado por tres palabras: ciencia, conciencia y paciencia.

En la actualidad, la farmacia está regentada por la cuarta generación de esta saga de farmacéuticos, desde que en 1886 Francisco Murillo Hernández se instaló en esta ciudad proveniente de Vélez-Málaga.

Además de esta centenaria botica, la familia contó con otra en la plaza del Salvador cuyos utensilios y mobiliario original de caoba cubana tallado con motivos alusivos a la profesión farmaceútica pueden admirarse hoy en el Museo de Historia de la Farmacia (ver página 266).

VESTIGIOS DE LA FACTORÍA HISPANO AVIACIÓN

11

La memoria de una fábrica de aviones de combate

Calle San Jacinto, 102-106

En la calle San Jacinto del barrio de Triana, una fachada modernista alberga un relieve de un sombrero alado de Mercurio, el veloz dios del comercio, flanqueado por cornucopias, símbolo de la abundancia, que enmarcan una leyenda con el año 1918. Ese año hace referencia a la fundación de unos almacenes de hierros y maderas, en cuyas naves la

empresa Hispano Suiza instaló en el año 1937, a principios de la Guerra Civil, la primera factoría española que montó un avión a reacción.

De esa fábrica se conserva esta fachada, un hangar adaptado como gimnasio y algunos edificios fabriles reconvertidos en 1990.

En sus inicios la factoría se dedicó a la reparación de los aviones de los sublevados, y cuando finalizó la guerra, la fábrica fue seminacionalizada y pasó a denominarse Hispano Aviación. En 1943, en plena Segunda Guerra Mundial, se compró la licencia de fabricación de los famosos cazas nazis Messerschmitt BF 109, la espina dorsal de la Luttwaffe. Estos aparatos llevan el apellido de su constructor Willy Messerschmitt quien, tras el conflicto mundial y pasar algunos años preso, encontraría su refugio en España.

En 1951 tras la firma de un acuerdo para el desarrollo de un reactor bisónico que se denominó HA-200 Saeta, fue nombrado oficialmente director de la oficina de diseño de la empresa Hispano Aviación, formando un equipo con la élite de los ingenieros aeronáuticos y técnicos de la aviación española del momento. El ingeniero alemán continuó aquí hasta 1959, año en el que regresó a Alemania, aunque siguió teniendo intereses financieros en la industria aeronáutica española a través de sus propias empresas.

Hasta que la factoría cesó su actividad en 1972, se construyeron un total de 604 aviones. Posteriormente esta fue vendida a Egipto, donde en poco tiempo las instalaciones y la mayoría de los aparatos fueron destruidos por Israel.

En la actualidad Sevilla es un importante centro de la industria aeronáutica europea gracias a la planta de montaje del Airbus A400.

LAUDE SEPULCRAL DE ÍÑIGO LÓPEZ

El misterio del negro de Triana

Iglesia de Santa Ana
Calle Pelay Correa, s/n
Lunes a viernes, de 10:30 a 13:30 h
Martes y miércoles, del 1 de octubre al 15 de junio, de 16:30 a 18:30 h

La iglesia de Santa Ana en el barrio de Triana, el templo más antiguo de Sevilla, esconde un secreto que resiste el paso de los siglos.

En la nave de la Epístola, en el lateral derecho, se encuentra la bellisima lápida en cerámica de un misterioso personaje: un tal Iñigo López. La restauración del año 2016 recuperó todo el esplendor de la obra que muestra a un hombre asiendo una cruz con las manos, vestido con una capa ocre verdosa, bonete azul, medias verdes y zapatos negros y la cabeza descansando sobre un lujoso almohadón bordado.

En la cenefa de la lápida que rodea al finado aparecen una firma y el año de ejecución *Niculoso Francisco italiano me fecit en el agno de MILCCCCCIII*: fue en 1503 que el famoso ceramista italiano Niculoso Pisano (Pisa, 1470 - Sevilla, 1529) ejecutó este trabajo, el primero realizado en Sevilla por el artista del que se tiene noticia. Pisano revolucionó la técnica de la cerámica consiguiendo que sobre un azulejo plano se pinten motivos policromados como si de un lienzo se tratara, sin temor a que los colores se mezclen durante la cocción, tal como ocurría hasta entonces.

Esta sepultura permaneció oculta durante siglos y no fue hasta 1844 que se encontró tras un retablo de Santa Cecilia en el transcurso de unas obras. Inmediatamente (no se sabe por qué) surgió la creencia que decía que aquellas mujeres solteras que le dieran siete patadas a la efigie del malogrado encontraban marido e incluso se quedaban embarazadas. Tanto se extendió la leyenda que hubo que colocar una verja ya que se estaba deteriorando el sepulcro. Afortunadamente, con la restauración se han recuperado los rasgos del difunto que habían desaparecido por los zapatazos que le propinaban las trianeras año tras año.

El enigma sobre el personaje se acrecienta al comprobar que alguien borró de la tumba de forma intencionada su segundo apellido, su título o su profesión.

Una leyenda muy extendida refiere que Íñigo López era un esclavo al servicio de un marqués, aunque sea extraño que un esclavo esté enterrado vestido como un noble bajo una lápida renacentista de cerámica de gran valor. Este esclavo conocido como «El negro», según alguna versión, un indio caribeño traído a Sevilla por el mismo Colón, habría muerto violentamente al negarse a mantener relaciones con su amo.

EN LOS ALREDEDORES

Antigua parada del tranvía (13)

Calle Betis, 69

A la derecha de la entrada del restaurante Río Grande existe una placa metálica de color rojo que señala la parada final en Triana de la antigua red de tranvías (ver página 66), quizás la única que se conserva en toda la ciudad.

MONUMENTO *MILLA CERO DE LA TIERRA* 14

El lugar donde se inició y se terminó la primera vuelta al mundo

Plaza de Cuba junto a la calle Juan Sebastián Elcano

También conocido como «esfera armilar», el monumento *Milla Cero de la Tierra* se encuentra situado en la plaza de Cuba, justo en su confluencia con la calle Juan Sebastián Elcano, frente al río Guadalquivir. Inaugurado en el año 2010, el monumento que consta de una esfera armilar de acero de 3 metros y medio de diámetro se ubica donde estuvo el antiguo muelle de las Muelas, el lugar de donde salió y a donde regresó la armada que dio la primera vuelta al mundo. El monumento está inspirado en el diseño de la esfera armilar recogida en la portada del libro *Suma de Geographia*, de Fernández de Enciso, impreso en 1519

en el taller sevillano del impresor alemán Cromberger (ver página 96). En su centro está colocado nuestro planeta, representado por una bola y rodeado de anillos o brazaletes (*armilla* en latín) que significan el horizonte, el ecuador, la banda zodiacal, los trópicos...

La esfera representa un modelo reducido del cosmos que se usaba en la astronomía y en la navegación para definir las coordenadas de los cuerpos celestes: estrellas, planetas, satélites... Desde la formulación del modelo heliocéntrico por Copérnico en el año 1543, las esferas armilares modificaron su estructura incorporando el Sol en su centro.

La expedición de cinco naves y 243 hombres partió a las órdenes de Fernando de Magallanes el 10 de agosto de 1519, con el objetivo de alcanzar las islas de las Especias (las islas Molucas, en la actual Indonesia). Tres años más tarde, el 8 de septiembre de 1522, regresaría Juan Sebastián Elcano al mando de una sola nave, la Santa María de la Victoria, junto con otros diecisiete tripulantes. Tras pasar todo tipo de penalidades, pudieron concluir la primera circunnavegación del globo en la historia. Al día siguiente de desembarcar en Sevilla los 18 supervivientes, en camisa, descalzos y con un cirio en la mano, cumplieron su promesa de visitar las imágenes de Nuestra Señora de la Victoria y de Santa María de la Antigua. Por esta increíble hazaña, el emperador Carlos I concedió a Elcano una importante renta económica anual y el escudo de armas en el que figura la esfera de la Tierra con la divisa *Primus circumdedisti* me («Fuiste tú el primero en darme la vuelta»), donde además se muestran tres nueces moscadas, dos varitas de canela y 12 clavos, en referencia a las especias que la expedición trajo consigo.

EN LOS ALREDEDORES

Museo del Carruaje ⑮

Plaza de Cuba, 10
Tel.: 954 27 26 04 - www.museodecarruajes.es
Lunes a viernes de 9 a 14 h, martes, entrada libre

Dedicado a mostrar el mundo de los coches de caballo a lo largo de la historia, el Museo del Carruaje se ubica en un antiguo convento de los Carmelitas Descalzos del siglo XVII. El convento, dedicado a la Virgen de los Remedios, se edificó en el lugar donde existía una pequeña ermita con esa advocación, a la que los navegantes se encomendaban antes de partir hacia América. De hecho del muelle de las Muelas, situado al pie del convento, partieron los navegantes Magallanes y Elcano para dar la primera vuelta al mundo, como se recuerda en la lápida de 1919 que puede verse en la fachada lateral. Tras múltiples usos el edificio fue restaurado en 1928 por el arquitecto regionalista Juan Talavera como sede del Instituto Hispano Cubano de Historia de América.

BARBERÍA MUSEUM

16

Una peluquería muy peculiar

Calle Virgen del Valle, 95
Lunes a viernes, de 10 a 13:30 h y de 17:30 a 20:30 h
Sábados, de 10 a 13:30 h

Pasando el río y junto a Triana, se encuentra el barrio de Los Remedios, en el cual abundan las calles con nombres de vírgenes y los personajes curiosos. Uno de ellos fue el *rockero* por excelencia de Sevilla, Silvio Fernández Melgarejo, un maldito en vida al que tras su muerte en el año 2001 se le otorgó la medalla de la ciudad y se le dedicó la calle Rockero Silvio en el barrio donde vivía. No muy lejos de esta calle, en otra con nombre de virgen, se puede ingresar al santuario laico del rock sevillano y de ese mártir de la calle y de los bares que fue Silvio: la barbería Museum.

La peluquería fue fundada por Curro Silver Barber (Sevilla, 1944) a principios de los años 80 y en la actualidad la mantiene en activo su hijo.

Curro decía que no cortaba pelos: *«los pelos los usan los animales para resguardarse, aquí nos dedicamos a cortar y arreglar cabellos»*. Desbordada de recuerdos, cachivaches varios y regalos de amigos, la barbería acumula en un orden caótico fotos, figuras, cámaras antiguas, discos, proyectores..., en todas sus paredes, rincones y hasta en el techo.

Todo cliente que entra se retrotrae a los años 60 al sentarse en algunos de los tres antiguos sillones de peluquero de cuero verde *Eurostyl* en perfecto estado. Encima del espejo se lee el lema de esta peculiar barbería: *Tijeras de plata para un público de oro*.

Don Curro fue uno de los precursores del rock sevillano, además de guitarrista, y llegó a fabricar sus propios instrumentos. Fanático de The Shadows, más de una vez cuando dejaba las tijeras, conectaba su guitarra para escuchar su trino por los 17 altavoces que están ocultos por la barbería. Aquí Silvio, el amigo con el que compartió tantos escenarios desde los primeros tiempos, tiene un lugar de honor entre todos los recuerdos que acumula. Retratos, fotos, discos, recortes de prensa, carteles..., y la medalla al mérito *rockero*, recuerdan a este inclasificable músico sevillano que mezclaba el rock con la canción italiana y la música de Semana Santa.

En la puerta exterior, entre cartelería diversa y lemas publicitarios salidos de la imaginación del artista como *Bienvenidos al edén del cabello*, destaca un rótulo con la inscripción *Penny Lane*. Y es que la barbería Museum está hermanada con la famosísima peluquería de Liverpool a los que The Beatles dedicaron su canción.

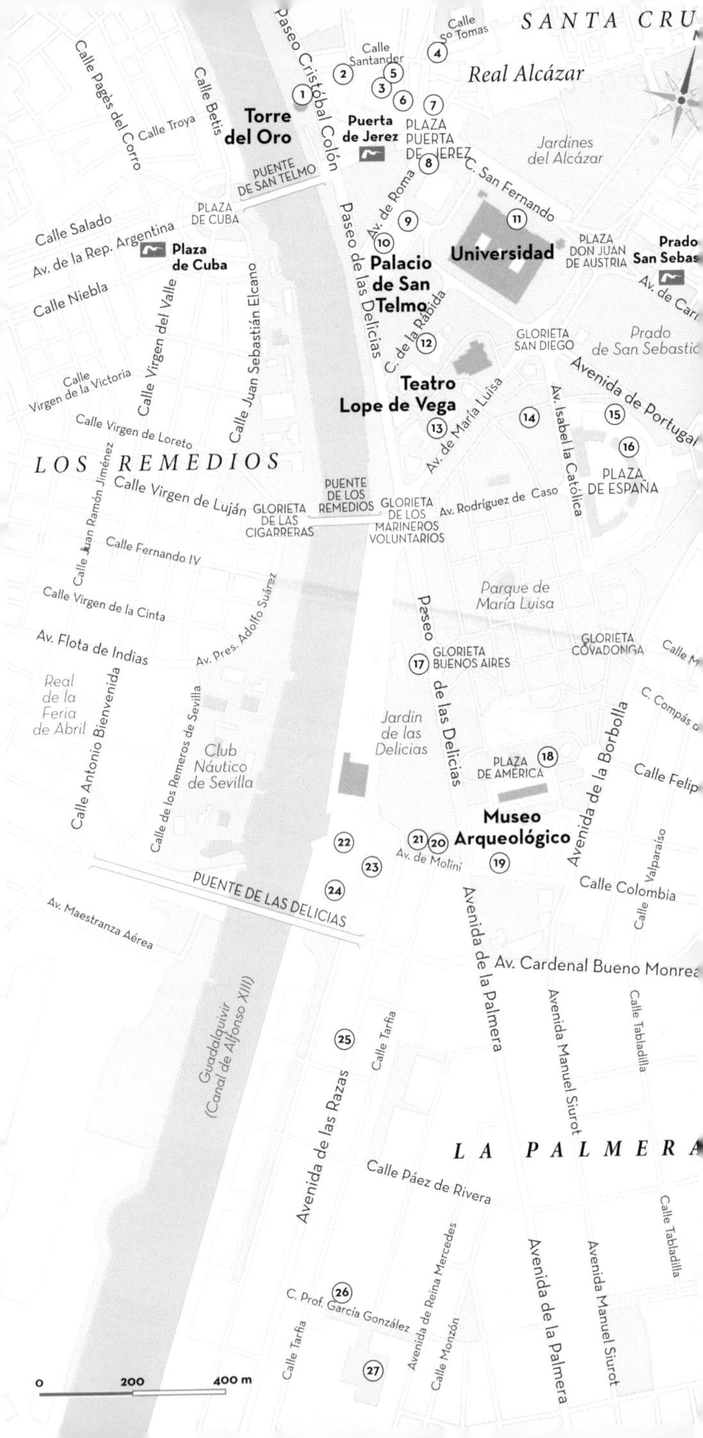
SANTA CRU
Real Alcázar
Jardines del Alcázar
Calle So Tomas
Calle Santander
Paseo Cristóbal Colón
Calle Pagès del Corro
Calle Betis
Calle Troya
Torre del Oro
Puerta de Jerez
PLAZA PUERTA DE JEREZ
PUENTE DE SAN TELMO
C. San Fernando
Av. de Roma
PLAZA DE CUBA
Calle Salado
Av. de la Rep. Argentina
Plaza de Cuba
Calle Niebla
Paseo de las Delicias
Palacio de San Telmo
Universidad
PLAZA DON JUAN DE AUSTRIA
Prado San Sebas
Av. de Car
C. de la Rábida
GLORIETA SAN DIEGO
Prado de San Sebastic
Avenida de Portugal
Calle Virgen del Valle
Calle Juan Sebastián Elcano
Calle Virgen de la Victoria
Teatro Lope de Vega
Av. de María Luisa
Av. Isabel la Católica
Calle Virgen de Loreto
LOS REMEDIOS
PLAZA DE ESPAÑA
Calle Virgen de Luján
PUENTE DE LOS REMEDIOS
GLORIETA DE LAS CIGARRERAS
GLORIETA DE LOS MARINEROS VOLUNTARIOS
Av. Rodríguez de Caso
Calle Juan Ramón Jiménez
Calle Fernando IV
Calle Virgen de la Cinta
Av. Pres. Adolfo Suárez
Parque de María Luisa
Av. Flota de Indias
GLORIETA COVADONGA
GLORIETA BUENOS AIRES
Calle M
Real de la Feria de Abril
Calle Antonio Bienvenida
Calle de los Remeros de Sevilla
Club Náutico de Sevilla
Jardín de las Delicias
C. Compás d
PLAZA DE AMÉRICA
Avenida de la Borbolla
Calle Felip
Museo Arqueológico
Av. de Molini
Calle Valparaíso
Calle Colombia
PUENTE DE LAS DELICIAS
Av. Maestranza Aérea
Avenida de la Palmera
Av. Cardenal Bueno Monrea
Calle Tabladilla
Avenida Manuel Siurot
Guadalquivir (Canal de Alfonso XIII)
Calle Tarfia
Avenida de las Razas
LA PALMERA
Calle Páez de Rivera
Avenida de Reina Mercedes
C. Prof. García González
Calle Monzón
0
200
400 m
1 2 3 4 5 6 7 8 9 10 11 12 13 14 15 16 17 18 19 20 21 22 23 24 25 26 27

Puerta de Jerez y Avenida de la Palmera

MUSEO MARÍTIMO DE LA TORRE DEL ORO

1

Un recoleto y desconocido museo sobre Sevilla y el mar

Paseo Cristóbal Colón, s/n
Tel.: 954 22 24 19
torreoro@fn.mde.es
Lunes a viernes, de 9:30 a 19 h
Sábado y domingo, de 10:30 a 19 h
Lunes, entrada gratuita

La Torre del Oro acoge en su interior un pequeño e interesante museo que pone en valor la importancia marítima que tuvo Sevilla. Este desconocido museo para la mayoría de los sevillanos se distribuye por las dos plantas visitables de la torre almohade y permite el acceso a una terraza panorámica, la misma que usarían los vigías que controlaban los posibles ataques por vía fluvial a la ciudad.

La primera planta revisa la historia de la torre hasta el traslado de Sevilla a Cádiz en 1717 de la Casa de Contratación, donde se centralizaban todas las relaciones comerciales con América. En la segunda planta se ofrece una exposición enfocada a diversos periodos de la Armada española en la que se muestran mapas, cartas náuticas, cuadros y grabados de temática marina, instrumentos de navegación, documentos históricos...

Ubicado en la torre levantada en 1221 para completar el sistema defensivo de la ciudad almohade, el museo se gestiona por el Ministerio de Defensa desde su inauguración en el año 1944. Previamente, la torre fue sede de las oficinas de la Comandancia de Marina y la Capitanía del Puerto y anteriormente prisión, vivienda, capilla e incluso almacén de pólvora.

Las leyendas del origen del nombre de la Torre del Oro

Sobre el origen del nombre de la Torre del Oro se han repetido muchas leyendas como que se debía a que estaba cubierta de azulejos dorados, a que estaba próxima a la ceca islámica o que era la aduana donde se almacenaba el oro que llegaba de América. La explicación cierta es más prosaica: en su restauración se demostró que su famoso brillo se debía a una mezcla de mortero de cal y paja prensada que se había utilizado para enlucir la atalaya. Otro mito sobre este edificio refiere que una cadena la unía con la orilla trianera, pero la cadena era en realidad la que unía el puente de barcas con ambas orillas.

EN LOS ALREDEDORES

Los espejos del río

Frente a la Torre del Oro, en la esquina del paseo de Cristóbal Colón, en la base del edificio que el arquitecto Rafael Moneo realizó en 1987 para Previsión Española, se añadieron dos grandes placas en bronce que muestran cómo era esta zona del río en el año 1883.

Una plancha refleja la imagen de la Torre del Oro y las barcas sobre el Guadalquivir, mientras que la otra muestra cómo era el palacio de San Telmo en esa época.

TORRE DE LA PLATA

②

La hermana pequeña olvidada

Calle Santander, 15
Un pasaje abierto todos los días, de 10 a 22 h, da acceso al pie de la torre

La Torre de la Plata es la gran desconocida entre los monumentos sevillanos. Frente al mimo con el que se ha tratado a lo largo de la historia a la Torre del Oro, su hermana pequeña ha sido olvidada y a menudo maltratada, sobreviviendo oculta entre un laberinto de edificios y un aparcamiento.

De planta octogonal, estaba unida por un lienzo de muralla con los Reales Alcázares y la Torre del Oro, muralla que servía de protección de la zona portuaria y que fue demolida en 1821. Sobre su origen hay cierta controversia: para algunos historiadores fue construida en el siglo XIII en la época almohade y otros defienden una cronología cristiana.

Es probable que su nombre derive de la blancura del enlucido con cal con que se trataban sus paredes. En tiempos de Alfonso X era también conocida como Torre de los Azacanes al estar junto al postigo del mismo nombre por donde accedían los azacanes o porteadores de agua. Este portón, uno de los accesos principales desde el puerto, fue conocido más tarde como postigo del Carbón por el trasiego de este material.

Con el tiempo la torre se integró en el conjunto de la Casa de la Moneda (ver más abajo) para más tarde tener todo tipo de usos, desde almacén de pólvora y armas a vivienda. Restaurada en 1992, se utiliza en la actualidad como sede del servicio de patrimonio del Ayuntamiento de Sevilla.

EN LOS ALREDEDORES

Casa de la Moneda ③

Calle Habana

En la actual calle Habana se accede a una plaza interior con arcos que era el patio de los mercaderes de la fábrica de monedas que Felipe II mandó hacer en 1584. Además se conserva la crujía de la fachada principal de este complejo que contenía hornos, talleres, almacenes, oficinas y viviendas, donde se atendía desde la recepción de los metales (de ahí su cercanía al río) a las tareas de fundición, talla, corte, limpieza y venta.

Desde el inicio del siglo XVI en la ciudad de Sevilla se recibe un río de metales preciosos. Se trata del oro y la plata que traen los galeones del Nuevo Mundo desde que, en 1503, se le otorgara el monopolio comercial con América, motivo por cual que se decide levantar esta factoría.

La estructura actual del complejo se debe a la remodelación acometida tras el terremoto de Lisboa de 1755, así como la portada principal a la calle Santander y la Fundición Real, que en la actualidad se usa como teatro.

La vida de la fábrica sevillana termina en 1869, para ser vendida y reconvertida en viviendas. Sus calles interiores fueron rebautizadas por los nuevos propietarios, que habían hecho fortuna en Cuba, con nombres de localidades de la isla caribeña: Habana, Güines, San Nicolás y El Jobo.

TORRE DE ABDELAZIZ

4

Una atalaya medieval camuflada entre edificios regionalistas

Avenida de la Constitución, 15

Entre la avenida de la Constitución y la calle Santo Tomás se camufla una pequeña torre hexagonal encajada entre edificios que la sobrepasan en altura y que dejan exentos solo cuatro de sus seis lados, de metro y medio cada uno.

La Torre de Abdelaziz tiene 15 metros de altura y en su construcción se utilizaron a lo largo del tiempo diferentes materiales como tapial, ladrillo y sillares en los ángulos.

Al parecer se levantó durante las reformas del recinto del Alcázar, emprendidas bajo el mandato de Pedro I en el siglo XIV, al igual que el vecino arquillo de la Victoria o de la Plata, también de estilo mudéjar. Es posible que para ello se reconstruyera una atalaya anterior, parte de la alcazaba almohade construida en el siglo XII, que se derrumbó con el terremoto de 1356.

A la torre se le ha llamado de múltiples maneras: de Abdelaziz, del Homenaje y el más reciente, de Santo Tomás, por su ubicación en esa calle.

Tradicionalmente se señala que en la torre originaria ondeó por primera vez el estandarte del rey Fernando III cuando conquistó Sevilla en 1248 y por eso fue conocida como del Homenaje. El histórico pendón, que se conserva actualmente en la catedral, fue colocado según la leyenda por caballeros escoceses que participaron en el cerco de la ciudad.

Finalmente, la Torre de Abdelaziz fue llamada así en honor de Abd al-Aziz ibn Musa, segundo valí de Al-Ándalus que vivió en Sevilla (Isbilya), donde llegó a casarse con Egilona la viuda del rey Rodrigo. Abd al-Aziz desembarcó junto a su padre en 712 para la conquista del reino visigodo de Hispania, llegando en dos años hasta Lérida, Lugo y Oporto. En el año 716 murió asesinado por orden del califa Suleiman I y su cabeza fue enviada a Damasco.

EN LOS ALREDEDORES

Torre del Bronce (5)

Calle Santander, 1

En la restauración de un edificio para su uso como restaurante apareció de forma sorpresiva en 2012 una torre almohade de planta cuadrada. El edificio originario era la casa del Tesorero, donde residía el funcionario real encargado de la Casa de la Moneda (ver página 225). Fechada entre finales del siglo XI y principios del XII, la torre era parte de la ampliación de la muralla del Alcázar que se realizó para defender la ciudad contra posibles invasiones a través del río, la cual continuaba por la Torre de la Plata y finalizaba en la Torre del Oro.

LÁPIDA DE LA PUERTA DE JEREZ ⑥

El único recuerdo de una puerta derrumbada en 1864

Calle Maese Rodrigo de Sevilla esquina con avenida de la Constitución

La desaparecida puerta de Jerez era una de las cuatro principales de la ciudad desde la Edad Media, ya que por ella se controlaba el tránsito de personas y carruajes hacia al sur. De ahí su denominación desde principios del siglo XV.

Ubicada en un sitio inverosímil (para verla hay que levantar la vista hacia la parte superior del chaflán de la calle Maese Rodrigo), el único recuerdo que queda de esta puerta hoy es una lápida de mármol con leyenda que estaba sobre el arco.

Como puede observarse en esta lápida, renovada en 1622, se hace una historia mínima de Sevilla: *Hércules me edificó / Julio César me cercó de muros y torres altas / El rey sancto me ganó / con Garci Pérez de Vargas..* Texto que hace referencia a los fundadores míticos de Sevilla, Hércules y Julio César, este último cuestor de Hispalis (Sevilla) en el 65 a.C y posible impulsor de la cerca romana, y a la conquista de la ciudad por Fernando III en el siglo XIII. Según cuenta la leyenda, el rey llegó a entrar por esta puerta disfrazado para espiar a los defensores islámicos antes de la toma.

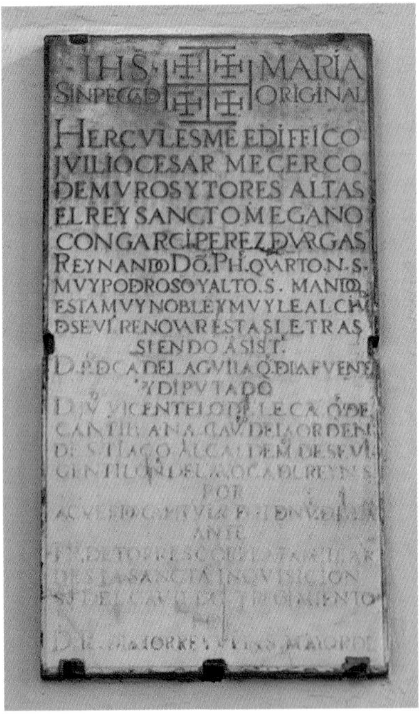

Construida en el siglo XII por los almohades, la puerta sufrió continuas restauraciones a lo largo de los siglos, pero sin perder su estructura: una puerta flanqueada por dos imponentes torres, protegida por un antemuro y con un rastrillo, una imponente reja que la guardaba. Comunicaba con el puente que cruzaba el arroyo Tagarete cuyo cauce, que desembocaba en el Guadalquivir junto a la torre del Oro, discurría por la actual calle San Fernando. Al ser la puerta de la alcazaba exterior y una de las entradas destacadas, permanecía abierta y con guardia las 24 horas del día.

En el siglo XIX comenzó su declive hasta su desaparición completa. Así en 1836 se eliminaron las torres y el rastrillo; diez años más tarde sería totalmente derribada junto al lienzo de muralla y sustituida por una puerta monumental de estilo neoclásico, con el arco flanqueado por dos pares de columnas toscanas. Pero esta flamante puerta duró poco, ya que en 1864 fue derribada con los nuevos planes urbanísticos de la ciudad. La actual plaza se creó con motivo de la Exposición Iberoamericana de 1929 eliminando para ello los últimos edificios que resistieron tras el derribo de la puerta.

Hoy para localizar el lugar exacto donde se ubicaba la puerta habría que situarse frente a la esquina derecha del hotel Alfonso XIII.

Puertas de Sevilla

De la veintena de puertas y postigos que llegó a tener la muralla de Sevilla, solo tres permanecen en pie: el arco de la Macarena, la puerta de Córdoba y el postigo del Aceite. A estas habría que sumar el arco de la Plata (o puerta de la Victoria) en la confluencia de la calle Miguel Mañara con la Avenida de la Constitución. Aunque esta no era una puerta de la muralla sino del recinto del Alcázar. Su factura actual es gótica y el artífice de su reforma en 1561 fue Hernán Ruiz II, maestro mayor (arquitecto) de las catedrales de Sevilla y Córdoba y el ayuntamiento de Sevilla.

CAPILLA DE SANTA MARÍA DE JESÚS

7

El único vestigio de la primera universidad sevillana

Avenida de la Constitución, 27
Puerta de Jerez
Abierta lunes, martes, miércoles y viernes, de 12 a 13:30 h

Ubicada en el entorno de la puerta de Jerez, la capilla de Santa María de Jesús es el único vestigio que queda de la primera universidad de Sevilla, el Colegio-Universidad fundado por el canónigo maese Rodrigo Fernández de Santaella en los albores del siglo XVI.

El resto del edificio fue demolido en 1909 para la apertura de la actual avenida de la Constitución y su portada principal de piedra trasladada al compás del convento de Santa Clara.

La capilla, finalizada en 1506, es de estilo gótico-mudéjar tardío y tiene una sola nave que seguramente en su origen estaría totalmente revestida con un enfoscado de cal. Está coronada por almenas de estilo omeya y una espadaña de ladrillo original del siglo XVI.

El edificio ofrece una espectacular ventana gótica con arquivoltas y en su pared puede observarse también una placa de mármol referente a la fundación del colegio. Una interesante gárgola gótica representando a un dragón vigila la fachada trasera.

El ingreso se realiza por una portada de ladrillo de dos colores cubierta por un arco conopial poco común en Sevilla. En el interior, además de una preciosa cubierta mudéjar de madera a dos aguas y de los impresionantes zócalos de azulejos renacentistas, es muy destacable el retablo mayor de estilo gótico tardío realizado por Alejo Fernández en 1520, pintor de varias imágenes del retablo mayor de la catedral.

Como curiosidad puede observarse en él cómo la Virgen de la Antigua recibe la maqueta del edificio del Colegio de manos del propio fundador, cuya tumba se encuentra a los pies del retablo y bajo el altar.

Maese Rodrigo, hombre erudito formado en Bolonia (Italia) y al parecer de familia judeoconversa, adquiere el solar originario en una zona conocida como el «Corral de Jerez», donde se habían establecido los últimos judíos sevillanos antes de su expulsión definitiva. Aunque en 1508 recibió una bula papal autorizando la impartición de los mismos estudios que la Universidad de Salamanca, tales como Artes, Lógica, Filosofía, Teología, Derecho y Medicina, no es hasta 10 años más tarde, al completarse el resto del edificio universitario, que se aprueban sus estatutos y se convocan las primeras plazas de colegiales.

CALZADA ROMANA

8

Los caminos olvidados de la Bética

Avenida de Roma, s/n

Todo el mundo pasa por encima, pero muy pocos caen en la cuenta de que las grandes losas que se hallan en la acera, al lado del hotel Alfonso XIII y junto a la puerta de Jerez, eran parte de una calzada romana.

Estos restos se hallaron, junto a otros importantes vestigios de diferentes épocas, cuando se construyó un aparcamiento subterráneo. Por su tamaño, casi 5 metros de ancho, y las dimensiones de algunas losas con más 50 cm de grosor, se concluyó que se trataba de una vía importante.

Al parecer esta calzada conectaba con la vía Augusta en su dirección a Gades (Cádiz). De hecho esta era una zona portuaria con una gran actividad económica relacionada con el comercio y el tráfico fluvial y con unos importantes astilleros que tuvo un gran impulso en la época del emperador Augusto, alrededor del siglo I. Así lo atestiguan los valiosos mosaicos encontrados junto a varios hornos donde se elaboraban ánforas para almacenar aceite y vino. Dos de estos hornos son visitables en la segunda planta del aparcamiento.

Vía Augusta, la autopista romana de la Bética

Además del río Betis (Guadalquivir) como vía natural para el movimiento de personas y mercancías en el interior de la provincia Bética, el imperio romano dio gran importancia a contar con una red viaria, estratégica para los movimientos militares, el comercio, la burocracia y el correo. La vía Augusta era la principal de Hispania, y en la Bética discurría de este a oeste, desde el arco de Jano (cerca de Cástulo, Jaén), hasta Gades, uniendo las capitales de los cuatro conventos jurídicos de la provincia romana del sur: Corduba (Córdoba), Astigi (Écija), Hispalis (Sevilla) y Gades (Cádiz). En esta última ciudad el viajero podía continuar hasta el famosísimo santuario fenicio de Melkart, asociado a Hércules, en la isla de Sancti Petri, para dejar su exvoto junto a los de personajes como Aníbal o Julio César y admirar reliquias como el drago nacido de la sangre de Gerión, el olivo de oro de Pigmalión y las dos columnas metálicas que marcaban la entrada al propio templo.

Miliarios

En el museo arqueológico se encuentra un miliario de mármol dedicado al emperador Adriano, hallado en el teatro de Itálica (Santiponce). En estas estelas de piedra se indicaba la distancia en millas (*milia passuum*, 1000 pasos que equivalían a unos 1481 metros) a la ciudad o parada importante y el nombre del emperador. Las primeras guías y mapas de caminos se realizaron durante el Imperio romano y podían comprarse en los mercados.

LA GALERÍA DE LOS DOCE SEVILLANOS ILUSTRES

⑨

La última obra del escultor Antonio Susillo

Palacio de San Telmo
Calle Palos de la Frontera

Asomadas a la balaustrada de la puerta de carruajes en la fachada este del palacio de San Telmo se alinean 12 esculturas que componen la galería de sevillanos ilustres, realizadas por el escultor Antonio Susillo en 1895.

En esta especie de santoral civil, no todos los personajes son nacidos en la ciudad: en algún caso desarrollaron su carrera y fallecieron en Sevilla.

Comenzando por la izquierda abre la galería Juan Martínez Montañés, el gran escultor del barroco y figura central de la imaginería sevillana, seguido por Rodrigo Ponce de León, conde de Arcos de la Frontera y uno de los capitanes principales en la guerra de Granada con los Reyes Católicos.

Despues se encuentran el pintor Diego de Velázquez, Miguel Mañara, filántropo y religioso, fundador del hospital de la Caridad, Lope de Rueda, la gran figura del teatro español del renacimiento y Diego Ortiz de Zúñiga, cronista histórico de la ciudad.

A continuación se muestran Fernando de Herrera, poeta del Siglo de Oro; Luis Daoíz, uno de los héroes de la guerra de la Independencia, muerto el 2 de mayo de 1808 en Madrid; Benito Arias Montano, humanista y teólogo sevillano; Bartolomé Esteban Murillo, pintor barroco, figura fundamental de la escuela sevillana; Fernando Afán de Ribera y Enríquez, político y humanista que llegó a ser virrey de Nápoles, y finalmente, Bartolomé de las Casas, cronista y teólogo, conocido como el «defensor de los indios».

Autor de los principales monumentos de la ciudad, Susillo abordó este trabajo con un material nuevo y rompedor: el cemento. Como artista, se desvinculó de la tradición barroca todavía imperante y, de su periodo de estudios en París, donde coincidió con Rodin, trajo una fuerte influencia del arte francés.

El grupo escultórico, un encargo del duque de Montpensier Antonio de Orleans y su esposa María Luisa Fernanda, la segunda hija de Fernando VII, sería la última obra que vieron los ojos de Antonio Susillo. El escultor poeta poseía una frágil salud mental agravada por un infeliz segundo matrimonio y los recientes fallecimientos de su madre y su hermana. Inmerso en una gran depresión se suicidó el 22 de diciembre de 1896 con solo 41 años, de un pistoletazo bajo la barbilla.

En el Cementerio de Sevilla reposan sus restos en un panteón bajo su obra «El Cristo de las mieles» (ver página 294).

SÍMBOLOS MARÍTIMOS DE LA PORTADA DEL PALACIO DE SAN TELMO

⑩

La memoria de la Universidad de Mareantes

Avenida de Roma, s/n
Tel.: 955 00 10 10
www.juntadeandalucia.es/presidencia/santelmoabierto

Del gran edificio barroco que se construyó a finales del siglo XVII, extramuros de la ciudad, y a orillas del río Guadalquivir, actualmente sede de la presidencia de la Junta de Andalucía, algunas personas saben que fue la residencia de los duques de Montpensier. Pero muy pocas conocen que anteriormente fue el Real Colegio Seminario de San Telmo de la Universidad de Mareantes, fundado con el objeto de formar en el arte de la navegación a niños huérfanos o desamparados y a los hijos de marinos, como futuros pilotos, contramaestres y marineros de las flotas ultramarinas americanas.

La iconografía de su imponente portada recuerda esta función histórica. En primer lugar, el balcón principal es soportado por cuatro atlantes, indígenas americanos ataviados con carcaj de flechas y tocado de plumas, resaltando el importante papel que se le otorgó al colegio en la carrera de las Indias Occidentales.

El elemento más esclarecedor es el grupo de 12 figuras femeninas que se encuentra en el cuerpo intermedio de la portada, seis a cada lado del balcón. Estas esculturas informan a los colegiales del programa de enseñanza del centro, representando las asignaturas de ciencias y artes que estudiaban los futuros marinos: Astronomía, Geografía, Náutica, Cronología, Geometría, Pintura, Trigonometría, Aritmética, Matemáticas, Arquitectura, Escultura y Música.

Sobre el balcón principal aparece un medallón con la efigie de Felipe V, el monarca reinante en el momento de finalizarse la portada en 1734, que se muestra sobre un fondo de velas y sogas de barcos con una esfera armilar y una carta naútica enrollada en sus manos.

Finalmente, en el cuerpo superior destaca la figura de San Telmo, patrono de los navegantes y titular del colegio, que lleva en sus manos un barco y una carta de navegación, acompañado de los patrones de la ciudad San Fernando y San Hermenegildo, explicitando el apoyo de la monarquía al proyecto.

Todo este complejo programa escultórico labrado en piedra es obra del gran arquitecto Leonardo de Figueroa y de su hijo Matías de Figueroa, responsables también del patio principal y de la iglesia.

En sus 166 años de existencia, el colegio de la Universidad de Mareantes formó a más de 3500 chicos, desde su fundación por orden real en 1681 hasta que en 1841 la institución se trasladó a Málaga.

Es posible conocer el interior del palacio con visita guiada, previa reserva, jueves y sábado (concertar cita a través de la web). Es muy interesante la capilla del palacio cuyo retablo principal está dedicado a la Virgen del Buen Aire, a la que se encomendaban los marinos y la que dio nombre a la capital de Argentina.

EL RELIEVE DE UN INDÍGENA FUMANDO EN PIPA

(11)

El escorial tabaquero

Universidad de Sevilla
Calle San Fernando, 4

La magnífica portada de la sede central de la Universidad de Sevilla se adorna de un sorprendente repertorio de relieves de motivo americano como los bustos de Cristóbal Colón y Hernán Cortés, unos navíos y, en especial, un indígena fumando en pipa, recordando que el edificio fue originalmente la Real Fábrica de Tabacos construida en 1758.

Sevilla, desde el descubrimiento del Nuevo Mundo, fue una de las entradas principales de los barcos que arribaban con todo tipo de riquezas, el tabaco entre ellas. Esta planta se aclimató en el siglo XVI por el botánico sevillano Nicolás Monardes y rápidamente se unió al fervor europeo que ya existía por el café y el chocolate. Por Orden Real, la ciudad obtuvo en 1636 el monopolio para la elaboración y distribución de tabacos, actividad que fue en enorme aumento hasta que se construyó este edificio cerca del río y bien comunicado por caminos reales.

El lugar escogido era conocido como el *Sitio de las calaveras* porque allí se encontraron enterramientos de la época romana.

Construida principalmente por el ingeniero militar Sebastián Van der Borcht, la enorme fábrica portaba un aire marcial innegable, rodeada de un imponente foso y con garitas en todo su perímetro, que vigilaban en todo momento soldados del cuerpo de Dragones.

Cuando los profesores universitarios están en la cárcel...

La fábrica estaba flanqueada por dos pequeñas construcciones: la de la izquierda era la capilla para los operarios de la fábrica y la de la derecha la cárcel del recinto.

En la actualidad, los calabozos de esa prisión son despachos de profesores universitarios y en ellos todavía se conservan las placas cerámicas con su numeración. La Real Fábrica de Tabacos llegó a tener su propia jurisdicción, con una guardia encargada de vigilar los delitos cometidos dentro del recinto, los más frecuentes el robo y el fraude, así como tribunal propio que podía determinar la privación temporal de libertad e incluso el despido.

Las cigarreras de Sevilla: la inspiración de la Carmen *de Mérimée y Bizet*

Un momento clave de la historia de la fábrica fue la incorporación en 1813 de la mujer, llegando esta a imponerse con el tiempo. Se llegaron a emplear a la vez a 6000 trabajadoras. Estas eran económicamente independientes y, muchas de ellas, madres solteras. Además tenían un fuerte compromiso gremial, que provocó durante todo el siglo XIX varios motines en defensa de sus derechos y en contra de la mecanización del trabajo. Su fama mundial inspiró el personaje de *Carmen* de la novela de Merimée de 1845 y la ópera de Bizet, cuyo estreno en Sevilla data de 1881.

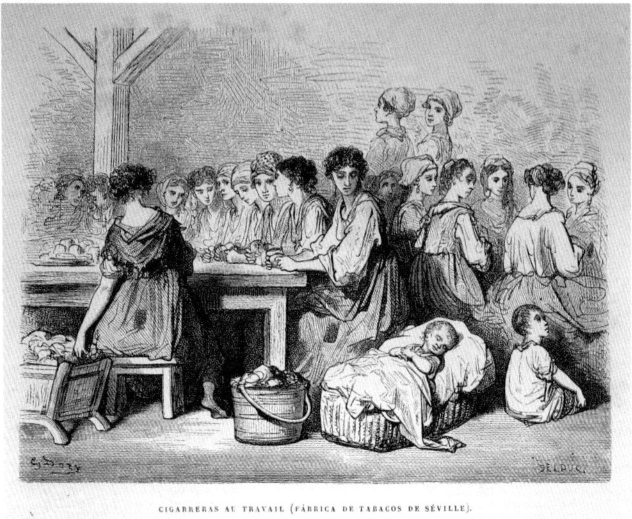

CIGARRERAS AU TRAVAIL (FÁBRICA DE TABACOS DE SÉVILLE).

LAS COLUMNAS DE LOS JARDINES DEL PABELLÓN DE CHILE ⑫

Los últimos vestigios de la sinagoga de Santa Cruz

Calle La Rábida, s/n

De unos 3 metros de alto, de granito oscuro y con un diámetro que ronda el medio metro, similares a las que rodean el espacio de la catedral, cuatro grandes columnas sostienen la gran verja de los jardines del pabellón de Chile de la Exposición Iberoamericana de 1929.

Elemento poco conocido por los sevillanos, estos fustes eran los que soportaban los arcos de la desaparecida sinagoga medieval de Santa Cruz que se ubicaba en la actual plaza del mismo nombre.

La judería hispalense contó con tres importantes sinagogas que se establecieron en sendas mezquitas cedidas por el rey Alfonso X tras la conquista de la ciudad en el siglo XIII. Después del asalto sufrido por la judería en 1391, alentado por el arcediano de Écija, que causó la muerte de centenares de judíos, dos de estas sinagogas se convertirían en iglesias, con los nombres de Santa Cruz y Santa María de las Nieves. El último rabino de la sinagoga de Santa Cruz fue, de acuerdo con los documentos de la parroquia, el célebre talmudista rabí Yehudá Alobas. En algún momento posterior a 1482 se incorporaría la última sinagoga como templo cristiano, con el nombre de San Bartolomé.

La sinagoga convertida en iglesia de Santa Cruz fue demolida en 1810 por los ocupantes franceses debido a su estado ruinoso. El derribo se llevó por delante los restos del pintor Bartolomé Esteban Murillo, que estaba enterrado dentro de la iglesia, como atestigua una placa en la fachada oeste de la plaza resultante del solar del templo derruido.

Nada quedó de la sinagoga excepto las columnas que fueron llevadas en 1830 para adornar un jardín botánico que no llegó a construirse en el palacio de San Telmo, por iniciativa del duque de Montpensier Antonio de Orleans. Más tarde, parte de los jardines del palacio fueron usados para la Exposición de 1929, momento en el que se abrió la calle donde se encuentra uno de los pocos vestigios de la judería sevillana, resistiendo el embate de los siglos.

Para más información sobre las sinagogas de la judería, ver página 178.

LA DIOSA DEL PABELLÓN DE PERÚ DE LA EXPOSICIÓN DE 1929

(13)

Donde habita el inca

Casa de la Ciencia
Avenida de María Luisa, s/n
Tel.: 954 23 23 49
www.casadelaciencia.csic.es
info.casadelaciencia@csic.es
Martes a domingo, de 10 a 21 h

Dando la espalda al Teatro Lope de Vega aparece, como un templo surgido de una ciudad inca, el pabellón que Perú construyó para participar en la Exposición Iberoamericana de 1929.

El espacio más simbólico del edificio, donde hoy comparten su sede el consulado general del Perú y la Casa de la Ciencia, se encuentra atravesando el patio interior y ascendiendo por la escalera principal.

Este sanctasanctórum está presidido por una figura femenina que es una alegoría de la patria mestiza, una diosa sobre dos jaguares que la protegen y vigilada por un cóndor que la sobrevuela, todo obra del arquitecto del pabellón que usó como modelo a su propia mujer. La diosa es honrada por dos estatuas arrodilladas que representan al conquistador español y a una mujer indígena, una ñusta, que era como se denominaban en quechua a las princesas del imperio inca.

Si se observan las manos de la diosa parece que falta algo. De estudios realizados sobre los dibujos preparatorios de la obra se encontró que la mano izquierda sostenía un báculo con el símbolo del sol radiante (Inti).

El diseño y la dirección de la construcción del pabellón fue asumida por el arquitecto nacido en Lucena (Córdoba) Manuel Piqueras Cotolí, que solo 10 años antes se había trasladado a Perú contratado como profesor de escultura de la recién fundada Escuela Nacional de Bellas Artes de Lima. Es en esta ciudad donde comienza a fraguar una nueva perspectiva artística, el estilo denominado neoperuano que fusiona la herencia española con una fuerte presencia de motivos prehispánicos.

Este enfoque está presente desde la portada del pabellón dedicada a Viracocha, el más importante de los dioses incas, el creador de lo visible y lo invisible, la figura fundamental del frontón que se representa agarrando dos serpientes a modo de báculos. Debajo de esta figura se ubica el escudo nacional del Perú y con dos motivos heráldicos que hacen referencia a las armas del conquistador español (Carlos V) y del guerrero inca (Manco Capac). En el exterior del edificio son muy destacables las imponentes balconadas en caoba típicas de Lima.

El magnífico patio central está rodeado por arcos decorados también con motivos de las culturas preincaicas e inca y adornado por esculturas y relieves de la flora y fauna del país (mono, llama, alpaca, vicuña, puma...).

MONUMENTO DE BÉCQUER

14

Un jardín secreto y emocional

Parque de María Luisa
Glorieta de Bécquer

Si cada parque guarda un jardín secreto, el del parque de María Luisa está en la glorieta de Bécquer. En esta íntima rotonda se construyó un monumento vivo, en constante desarrollo, en homenaje a la vida y a la obra del escritor romántico sevillano Gustavo Adolfo Bécquer, poeta, articulista y dramaturgo nacido en Sevilla en 1836 y muerto en Madrid a los 36 años.

Para sentir la intensidad emocional de este espacio verde hay que caminar alrededor del monumento, completando su círculo, seguir los senderos de la pasión en las esculturas y dejarse bañar por la luz tamizada por las finas hojas del ciprés. Y así sentir *los invisibles átomos del aire...* El majestuoso árbol, que es el corazón del monumento, fue plantado en la mitad del siglo XIX, en lo que era el jardín privado de los duques de Montpensier. Aquí el jardinero francés André Lecolant desarrolló un proyecto paisajístico influenciado por el estilo romántico inglés, basado en la imitación de la naturaleza silvestre. De esa época es este ciprés de los pantanos, una conífera caducifolia originaria de las zonas pantanosas de la cuenca del río Mississippi, por lo que en la proximidad del Guadalquivir se ha desarrollado sin problema. En la actualidad tiene unos 40 metros de altura y 3 de envergadura, y podría llegar a vivir al menos 300 años.

En 1893 la infanta María Luisa Fernanda, una vez viuda, donó su jardín a Sevilla. El Ayuntamiento le dio su nombre al parque, encargando más tarde su reforma al paisajista francés Forestier. Años después se designaría al parque de María Luisa como marco para la Exposición Iberoamericana celebrada en 1929.

Pero antes de la reforma de Forestier, y ya como parque público, se inauguró en diciembre de 1911 el monumento al poeta romántico, gracias a la iniciativa de los hermanos Álvarez Quintero, dramaturgos sevillanos que donaron para ello los derechos de su obra *La Rima Eterna*. El escultor Lorenzo Coullaut Valera diseñó un banco circular que abraza al árbol y, como está en continuo crecimiento, hay que ensancharlo periódicamente. Junto a la estatua de medio cuerpo de Bécquer, tres figuras de mujer talladas en mármol blanco italiano representan la rima X del poeta, *El amor que pasa*, en sus tres momentos: presente, pasado y futuro. Completan el conjunto dos estatuas en bronce, un cupido alado buscando la pasión con su arco y un amor herido con las alas rotas en el suelo.

LA MÁQUINA ENIGMA

15

Los mensajes secretos de los nazis

Museo Histórico Militar
Plaza de España, s/n (Puerta de Aragón)
Tel.: 954 93 82 83
Lunes a viernes, de 9:30 a 14 h
Sábados, de 10 a 14 h
Entrada gratuita

Uno de los elementos más insólitos que guarda el Museo Histórico Militar, desconocido para la gran mayoría de los sevillanos, es un ejemplar en perfecto estado de Enigma, la máquina criptográfica que usaba la Alemania nazi. Si durante el inicio de la Segunda Guerra Mundial, Enigma supuso una ventaja decisiva para el Tercer Reich, antes Hitler probó su uso en el conflicto militar que se iniciaba en España con el golpe de Franco en 1936.

Paralizada la ofensiva nacionalista en el frente de Madrid, se solicitó a Alemania la venta de 10 de estas máquinas, que fueron usadas por los representantes franquistas en Berlín y Roma y por las máximas autoridades militares, entre ellas el mando del Ejército del Sur. La intención era evitar que las fuerzas del Gobierno de la República pudieran descifrar sus mensajes telegráficos entre los diferentes frentes, ya que ambos bandos usaban las mismas técnicas de comunicación.

Esta máquina –Enigma– se identifica con el código A1234, pesa unos 11,5 kilos y es similar a una máquina de escribir, pero sin carro y rodillo para el papel. Dispone de tres filas de teclas con las 26 letras del alfabeto y las cifras del 0 al 9, un panel con las mismas letras que se iluminan y unas ventanitas en las que aparece una letra o un número. Gracias a su mecanismo podía producir millones de combinaciones de letras y números, lo cual impedía que pudiera descifrarse un mensaje sin contar con otra máquina en la unidad receptora.

Alan Turing, el británico que rompió el código de Enigma

Para romper el código de Enigma tuvo que aparecer la figura de Alan Turing, matemático, filósofo y criptógrafo británico. Con el nombre en clave «*Ultra*», fue captado por el servicio secreto inglés para trabajar en Bletchley Park, una mansión victoriana que ocultaba un centro militar secreto, en colaboración con un gran número de especialistas en criptografía, en su mayoría mujeres. Así, gracias al trabajo de Turing al desencriptar el código alemán, en el último tramo de la Segunda Guerra Mundial los aliados pudieron anticiparse a los movimientos militares de los nazis.

Además de su papel crucial en el fin de la guerra, sus investigaciones fueron precursoras para el posterior desarrollo de la informática y la cibernética. Turing realizó el primer diseño de un computador automático y es considerado el padre de la inteligencia artificial. Sin embargo nada de esto impidió que en 1952, debido a su condición de homosexual, fuera procesado y sometido a una castración química y posteriormente expulsado de su trabajo. Dos años más tarde se quitaría la vida al ingerir una manzana con cianuro.

LOS MAPAS CERÁMICOS DE SEVILLA DE LA PLAZA DE ESPAÑA

(16)

Una guía turística de principios del siglo XX

Plaza de España
Parque de Maria Luisa
Todos los días, de 8 a 22 h

Uno de los iconos turísticos por excelencia de Sevilla, la plaza de España esconde un buen número de secretos y curiosidades que pasan desapercibidos para sus visitantes.

Los mapas realizados en azulejos cerámicos para la Exposición Iberoamericana de 1929 son uno de ellos. Estos mapas se ubicaron en el suelo en el área frontal de la plaza, donde se localizan los 48 murales cerámicos referentes a un hecho histórico de cada provincia española.

Al principio del primer tramo de arcos, tras la torre Norte, se encuentra ubicado en el suelo un colorido plano de la Sevilla monumental realizado con azulejos que a modo de guía turística indica la situación de los principales monumentos para el visitante de principios del siglo XX. El mapa fue ejecutado originalmente en la fábrica de Pedro Navia, en técnica de cuerda seca y repuesto por la Escuela Taller Plaza de España en 2004. El mismo mapa se encuentra al final de la plaza, antes de la torre Sur.

Justo antes de la puerta de Aragón se localiza un mapa sobre la Sevilla agrícola y a continuación el más curioso de todos: un mapa cerámico

de la Sevilla romana donde se señalan los vestigios de esa época que se distribuyen por toda la provincia sevillana. Finalmente, flanqueando la puerta de Navarra se ubicaron sendos mapas dedicados a la Sevilla ganadera y a la Sevilla agrícola.

Fósiles de ammonites

En la balaustrada de piedra del puente del reino de Aragón pueden hallarse grandes fósiles de ammonites de unos 250 millones de años.

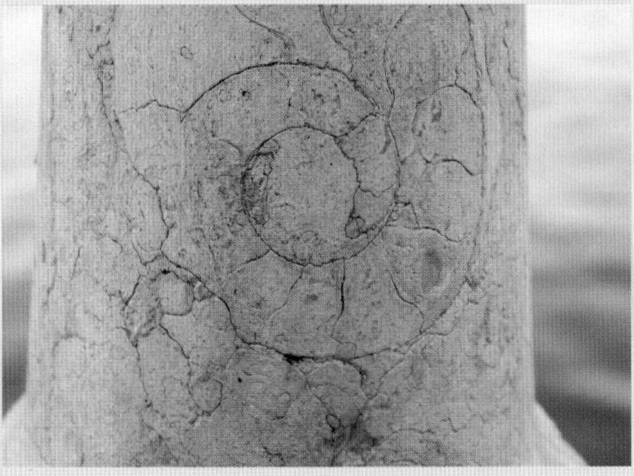

El abrazo de España al resto de los países iberoamericanos

Diseñada por el arquitecto Aníbal González, la plaza de España se configura como uno de los elementos centrales de la Exposición Iberoamericana de 1929. De forma semielíptica y con 200 metros de diámetro, representa el abrazo de España al resto de los países iberoamericanos, enfocada hacia el Guadalquivir como la vía natural de comunicación con el continente americano.

Tesoro de la cultura cinematográfica europea

La plaza ha sido designada como Tesoro de la cultura cinematográfica europea, ya que este espacio fue utilizado en múltiples realizaciones cinematográficas como *Lawrence de Arabia* o *Star Wars*.

PABELLÓN DE ARGENTINA DE LA EXPOSICIÓN DE 1929

⑰

Escenas de la Pampa y figuras prehispánicas

Conservatorio Profesional de Danza Antonio Ruiz Soler
Paseo de las Delicias, s/n
Lunes a viernes, de 16 a 20 h
Visitas previa consulta: 41701249.edu@juntadeandalucia.es

Uno de los pabellones más impresionantes que se levantaron para la Exposición Iberoamericana de 1929 fue el dedicado a Argentina. Hoy en día, este edificio histórico permanece oculto y secreto para los

sevillanos, exceptuando a los alumnos y profesores del Conservatorio Profesional de Danza que, desde 1994, tiene allí su sede.

El arquitecto argentino Martín San Noel fue el responsable de su diseño, con un estilo neocolonial que incorpora elementos de culturas prehispánicas junto con formas barrocas y renacentistas, como se observa en su gran fachada principal.

El pabellón está compuesto de varios edificios interconectados por un patio central. En la zona de la derecha se ubica una gran sala cubierta por una cúpula ochavada decorada con coloridos paneles cerámicos con figuras prehispánicas diseñados por el gran pintor sevillano Gustavo Bacarisas, que además realizó unas pinturas que decoraban la parte superior, ahora guardadas en esta misma sala. En este lugar se encontraba la exposición industrial donde se mostraban los avances del país.

En el ala izquierda se conserva un teatro para más de 200 personas que se dedicaba a conferencias y proyecciones cinematográficas.

Tras subir por la monumental escalera se muestra una serie de paisajes y escenas costumbristas argentinas, diseñada también por Bacarisas y realizada en la fábrica de cerámicas de Montalván en Triana. Los artistas americanos Alfredo Guido, Rodolfo Franco y Alfredo Gramajo participaron también en la ornamentación general.

En la planta superior se encuentra la magnífica biblioteca que en la actualidad se usa como aula de baile. Este es uno de los espacios más singulares del edificio donde destacan las maderas nobles del techo con artesonados, los balcones tallados y las grandes estanterías. Asimismo es interesante el espectacular mirador de la torre principal del pabellón, con una sala también cubierta de artesonados de ricas maderas, desde donde se contempla una completa panorámica del río y la ciudad.

EN LOS ALREDEDORES

Pabellón de Guatemala

Paseo de las Delicias, s/n

Cercano al de Argentina, el pabellón de Guatemala fue uno de los más modestos que formaron parte en la Exposición Iberoamericana, aunque no por ello está exento de interés. Hoy se utiliza como anexo del Conservatorio de Danza. Lo más destacable del edificio está en el exterior: la cobertura de azulejos blancos y azules, obra de Ramos Rejano, con elementos de la cultura maya y dos espectaculares imágenes del ave quetzal.

GLORIETA DE CERVANTES

(18)

El caballero de la triste figura

Plaza de América
Parque de María Luisa

Alrededor de una imponente araucaria, en los jardines de la plaza de América y frente al Pabellón Real, se esconde uno de los lugares más recoletos y desconocidos del parque de María Luisa: cuatro bancos cubiertos de azulejos que reflejan escenas de la obra cumbre de Miguel de Cervantes, *El ingenioso hidalgo Don Quijote de la Mancha.*

Para seguir la historia del hidalgo manchego hay que seguir los azulejos de izquierda a derecha y de arriba a abajo. Un cómic con más de 100 años en el que ninguna imagen incluye texto, excepto el último azulejo en el que puede leerse el epitafio final de la novela: *acreditó su ventura, morir cuerdo y vivir loco.*

Completan este espacio dos anaqueles cerámicos, en los que originalmente se colocaron obras impresas de Cervantes para su lectura a la sombra de los árboles. Estas librerías estaban culminadas por sendas figuras en barro cocido de El Quijote y Sancho Panza, depositadas hoy en el Pabellón de Marruecos de 1929 (ver página 260). Su decoración incluye diversas ilustraciones de las figuras de El Quijote y de Cervantes y estantes con los rótulos de fechas significativas en la vida del escritor comenzando con la de su nacimiento en Alcalá de Henares en 1547.

Esta pequeña glorieta octogonal fue proyectada en 1913, por el arquitecto sevillano Aníbal González para la Exposición Iberoamericana de 1929. Realizados con la técnica de cuerda seca en los talleres trianeros de Ramos Rejano, los azulejos son obra del pintor ceramista Pedro Borrego.

Cervantes en Sevilla

Para conocer la vida y las costumbres de los sevillanos en el siglo XVI no hay nada mejor que asomarse a algunas de las novelas ejemplares que Cervantes dedicó a Sevilla como *Rinconete y Cortadillo* o *La española inglesa*. A final de ese siglo fue comisario real de abastos en Andalucía, encargándose del acopio de aceite y trigo para la Armada Invencible de Felipe II. Esta tarea le llevó a graves enfrentamientos con la Iglesia, que llegó a excomulgarlo dos veces. Más tarde en 1597 fue preso en la Cárcel Real, situada en la calle Sierpes, donde hizo un curso acelerado de picaresca y malvivir que reflejó en sus escritos. En 1916 Sevilla rindió homenaje al tercer centenario de la muerte de Cervantes, mediante la instalación de 20 paneles cerámicos (uno está perdido en la actualidad) en los lugares de la ciudad mencionados en sus obras.

PABELLÓN DE MÉXICO DE LA EXPOSICIÓN DE 1929

(19)

Un edificio concebido como un templo maya-tolteca

Universidad de Sevilla
Paseo de las Delicias, s/n esquina Avenida de Eritaña
Lunes a viernes, de 9:30 a 13.30 h

En el paseo de las Delicias, muy cerca del parque de María Luisa, el pabellón de México de la Exposición Iberoamericana de 1929 se

utiliza en la actualidad como edificio administrativo de la Universidad de Sevilla, por lo que es posible acceder a las zonas comunes de un edificio emblemático, pero bastante desconocido.

El arquitecto natural de Yucatán Manuel María Amábilis concibió este edificio para la Exposición de 1929 como un templo basado en la iconografía de las culturas maya y tolteca. Con una planta en forma de doble X (la letra de México), fue el único edificio que se construyó en estilo neoindigenista.

La puerta principal se halla guardada por dos serpientes Quetzalcóatl, símbolo del dios de la vida y la fertilidad. Conocida como la *serpiente emplumada*, esta figura se encuentra también en la hermosa fuente policromada de la fachada trasera. La parte superior está coronada por un tímpano con relieves de cinco figuras unidas por guirnaldas custodiado por dos enigmáticas figuras humanas recostadas. Son los Chac-Mool, réplicas exactas de las encontradas en la ciudad maya de Chichén Itzá. Sobre la función de esta estatua se ha hipotetizado su uso como altar en el que se colocaban ofrendas dedicadas al dios de la lluvia y también como piedra de sacrificios.

De las interesantes vidrieras que poseía solo queda un vitral en la montera del vestíbulo central que representa al escudo nacional mexicano, mostrando un águila con una serpiente en su pico y posada sobre un nopal que surge de una laguna (los otros desaparecieron en algunos de los multiples usos que tuvo el edificio).

En las escaleras se conservan dos hornacinas con estatuas dedicadas a un guerrero azteca y a un conquistador español. En la parte alta de estas escaleras existían unas pinturas murales en las que participó Diego Rivera, hoy desafortunadamente desaparecidas.

EN LOS ALREDEDORES

Pabellón de Cuba

Agencia Andaluza de Cooperación Internacional para el Desarrollo
Avenida de la Palmera, 24
Lunes a viernes, de 9 a 14 h

El pabellón de Cuba, construido también para la Exposición Iberoamericana de 1929, es una interesante muestra de la arquitectura colonial deudora de modelos andaluces y canarios. El espectacular porche está construido con piedra jaimanita, una roca de origen coralino traída de la isla. En el interior sorprende la gran escalera labrada de caoba con un magnífico mascarón tallado que corona un farol así como la enorme variedad de maderas nobles americanas usadas en la construcción del pabellón: caoba, sabicú, yaba, ácana, sangre de doncella...

PABELLÓN DE COLOMBIA DE LA EXPOSICIÓN DE 1929

(20)

Naturaleza sagrada en las culturas precolombinas

Consulado General de Colombia en Sevilla
Paseo de las Delicias, s/n
csevilla@cancilleria.gov.co
Visita gratuita previa cita

El pabellón de Colombia para la Exposición Iberoamericana de 1929 es un edificio que recuerda a la arquitectura del Barroco latinoamericano y que sorprende por la espectacular ornamentación

inspirada en las mitologías de las culturas indígenas precolombinas, reinterpretadas desde las formas propias del *art déco* por el escultor colombiano Rómulo Rozo. En la actualidad alberga el Consulado General de Colombia pero se puede visitar con cita previa.

En su fachada, el mito de Bochica, el dios solar creador de las artes y la civilización, está reflejado en la esfera celeste ubicada en la parte alta; el mito del origen del género humano se representa en la parte baja del pabellón. Ambos mundos están separados por un friso cerámico en el que se simboliza la procesión ritual y la inmolación de Guesa, un niño criado en el templo del Sol que era conducido por una procesión de sacerdotes enmascarados a la columna de Bochica, donde se le ataba y se le disparaban flechas, para finalmente ofrecer su corazón al dios solar.

Dos serpientes enroscadas custodian la entrada como en el templo de Bachué, madre del pueblo Chibcha, reflejando el mito de la mujer-serpiente. La puerta principal esta flanqueada por las figuras de dos diosas guerreras ataviadas con ricas vestiduras y cubiertas de collares, brazaletes y vistosos plumajes.

En las molduras que rodean la puerta se representa la tierra por el maíz y las flores y el aire por las lenguas de fuego.

La magnífica cancela de hierro refiere al mito de la cultura Muisca sobre el viaje de las almas al centro de la tierra por ríos y barrancos en balsas hechas de tela de araña. En el centro de la cancela se incluye la rana sagrada sobre las armas del guerrero y el río subterráneo se representa por la greca de peces y ranas, que aparecen también en los balcones de las torres. En su lenguaje simbólico y mítico, una rana extendida simboliza la felicidad, el goce de las cosechas y de los bienes de la casa, siendo considerada ante todo un animal sagrado con una función protectora.

En el vestíbulo se ubican dos grandes mosaicos sobre la relación de Colombia con el mundo y con la península Ibérica, dando paso al gran patio con galería que recuerda a las casas coloniales y que incluye escudos de armas de guerreros Quimbaya así como cuatro enormes libélulas en sus esquinas, que representan la mala suerte, el amor, la lluvia y la cosecha.

PABELLÓN DE MARRUECOS DE LA EXPOSICIÓN DE 1929

(21)

Una interesante muestra de la arquitectura y la artesanía marroquí

Avenida de Moliní, 4
Lunes a viernes, de 9 a 14 h

Muy cerca de las instalaciones del puerto, el gran edificio que hace dudar al paseante si está en Sevilla o en una ciudad marroquí es el antiguo pabellón de Marruecos de la Exposición Iberoamericana de 1929. Desde 1957, este edificio es la sede del Servicio Municipal de Parques y Jardines.

Si el exterior ofrece la imagen de una mezquita de paredes encaladas con su cúpula y su torre cuadrada en forma de alminar, el interior da paso al antiguo espacio expositivo concebido como un riad, una lujosa y exótica residencia.

A través de un zaguán formado por un triple arco de herradura se hace el ingreso a un gran patio central cubierto por una montera de cristal con cuatro galerías de madera labrada soportadas por columnas octogonales y en su centro una fuente de mármol blanco con una pileta con mosaicos.

Los magníficos elementos decorativos como yeserías, artesonados, cerámicas, puertas de madera labrada, rejas de hierro... fueron realizados por la Escuela de Artes Indígenas de Tetuán, cuyo director José Gutiérrez Lescura fue además el diseñador del pabellón, asistido en la decoración por el reconocido pintor Mariano Bertuchi.

A las salas se accede mediante cinco grandes puertas de madera maciza, labradas y policromadas de tracería de estilo musulmán. Al fondo se encuentra la sala principal del pabellón, conocida como *Salón Moro*, donde con el resto de espacios se mostraba la naturaleza, la cultura y la historia del conocido en ese tiempo como Protectorado español de Marruecos.

Rodeando al edificio se construyó un pequeño Zoco donde diversos artesanos realizaban en vivo sus trabajos de orfebrería, piezas de cuero, cerámicas, bordados, tapices...

El pabellón se complementaba con el denominado Barrio Moro. Este complejo, situado al cruzar la vía, contaba con tiendas, cafetines y locales donde disfrutar de espectáculos tradicionales e incluso con una mezquita y un *hammam,* un baño árabe. Allí tenía una de sus seis paradas el tren Liliput, el ferrocarril en miniatura que recorría la Exposición (ver página 60).

Desafortunadamente, ambos edificios han desaparecido en la actualidad.

GRÚA FAIRBAIRN

La memoria del puerto de Sevilla

Calle Alfonso XIII

En la cabecera sur del muelle de las Delicias y junto a la sede de la Comandancia Naval, la grúa Fairbairn es la grúa portuaria más antigua de Sevilla.

Con su aspecto encorvado y su color azul marino parece un poco despistada, algo alejada de la orilla del río. Fue adquirida en el año 1874 por el puerto hispalense a la empresa Fairbairn de Manchester para ser ubicada en el muelle de la Sal en las inmediaciones del puente de Isabel II, más conocido como puente de Triana.

Paulatinamente, la actividad portuaria se trasladó al sur del río, al muelle de Nueva York, adonde, en 1905, también fue desplazada

nuestra grúa. En ese muelle, donde partían los barcos transatlánticos de pasajeros hasta Estados Unidos, permanecerá durante más de un siglo hasta su traslado a su emplazamiento actual.

Con un coste de más de 100 000 pesetas de la época, la junta de obras del puerto la adquirió para atender la demanda de la compañía de Ferrocarriles, de los navieros de la ciudad y de los propietarios de una fábrica de fundición.

Su denominación la toma del apellido de su diseñador, *sir* William Fairbairn, que en 1850 concibió la innovación de su brazo curvo de 11 metros y el uso de una caldera de vapor, para conseguir una potencia de hasta 40 toneladas frente a las 3 que movilizaba una grúa convencional. Por todo ello fue considerada en su tiempo como la más avanzada de España.

Además de la de Sevilla, que es la única que existe en España, se conservan ejemplares en Bristol y en Dover (Reino Unido) y en Helsingor (Dinamarca), de todas las grúas que se instalaron de manera masiva cuando se produjo la expansión portuaria a finales del siglo XIX.

EN LOS ALREDEDORES

Pabellón de la Marina (23)

Comandancia Naval de Sevilla - Avenida Molini, 6

Dedicado a la marina de guerra durante la Exposición Iberoamericana de 1929, el pabellón de la Marina es una obra de estilo regionalista del arquitecto Vicente Traver. Destaca la torre del reloj que incluye detalles neobarrocos y una cenefa en cerámica vidriada con los blasones de veinte marinos destacados en la historia de la armada española, desde los Pinzón, que acompañaron a Colón, hasta Ulloa o Pardo de Figueroa. Desde 1933 se usa como sede de la Comandancia Naval.

Capitanía Marítima (24)

Avda. Guadalhorce, s/n

Ubicado junto al puente de las Delicias, este edificio fue diseñado por el arquitecto Vicente Traver para la Exposición Iberoamericana de 1929. Denominado como «Pabellón de servicios de carabineros y aduanas», se usó como estación de ferrocarril para los visitantes de la muestra (ver página 60). El pabellón fue rehabilitado en 2008 para sede de la Capitanía Marítima de Sevilla.

LA RÉPLICA DEL INGENIO DEL CENTRO DE INFORMACIÓN DEL PUERTO

25

Usado para la construcción de la catedral

Autoridad Portuaria de Sevilla
Avenida de las Razas, 24
Tel.: 954 24 73 37
portal.apsevilla.com
museo@apsevilla.com
Lunes a viernes, de 8 a 14 h
Entrada libre previa cita para visita guiada

Para la Exposición Iberoamericana de 1929 se edificaron, en la zona portuaria, unas naves construidas en ladrillo visto y con una interesante ornamentación cerámica con motivos frutales. En las naves 4-5 se ubica desde 1999 un curioso museo dedicado a explicar el papel del puerto de Sevilla a lo largo de los tiempos.

La amena visita guiada recorre desde su fundación cuando los fenicios emplazaron un primer fondeadero y los romanos establecieron en Hispalis un gran puerto fluvial, pasando por la construcción de las Atarazanas, los astilleros medievales impulsados por Alfonso X y por su fundamental papel en el descubrimiento de América hasta el presente y futuro del puerto, que en la actualidad cuenta con 38 hectáreas de muelles diversos y 5 kilómetros de línea de atraque.

Es muy interesante la zona de antiguas grúas, en la cual se incluye una réplica a gran escala del Ingenio (o Machina), la primitiva grúa que se instaló a principios del siglo XV junto a la Torre del Oro, como puede observarse en varios grabados históricos. Esta se usó para descargar los sillares de piedra para la construcción de la catedral y se continuó usando hasta el siglo XVII. También es destacable la antigua grúa de 1842 fundida en la importante fundición de El Pedroso en la sierra norte sevillana.

Todos estos elementos hablan de Sevilla como una ciudad marítima, como recuerdan también las mareas que ascienden, cada día, puntuales por el río Guadalquivir para morir en su puerto.

Desde la desembocadura del río Guadalquivir en el océano Atlántico, en Sanlúcar de Barrameda (Cádiz), hay que realizar un recorrido de 90 kilómetros, aproximadamente cinco horas de navegación, hasta llegar, después de salvar la gran esclusa, al puerto de Sevilla.

MUSEO DE HISTORIA DE LA FARMACIA ㉖

Visita a una botica decimonónica desconocida

Facultad de Farmacia. Universidad de Sevilla
Calle Profesor García González, 2. Sótano
Tel.: 954 55 67 29
antonioramos@us.es
institucional.us.es/museohistfarm
Visitas previa cita

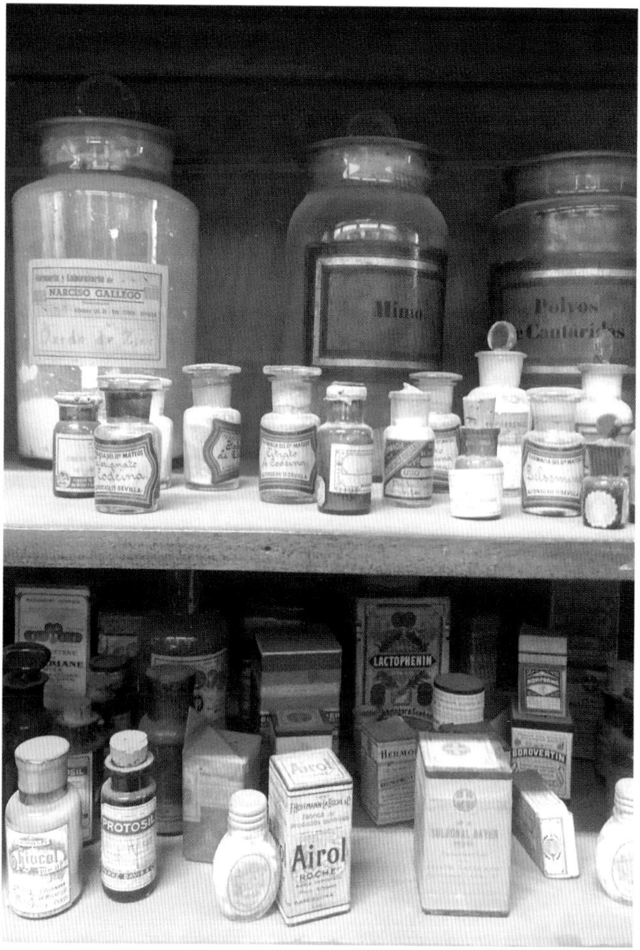

Con cita previa, se puede visitar el desconocido museo de Historia de la Farmacia, que se encuentra en la planta sótano de la Facultad de Farmacia de Sevilla. Al traspasar la entrada, el visitante se introduce de improviso en una farmacia de finales del siglo XIX y principios de XX, realizando un interesante y sorprendente recorrido por el antiguo arte de curar.

La gran mesa de despacho de la antigua farmacia Gallego junto a la vetusta caja registradora organiza el espacio. Este era el lugar desde donde se dispensaban los fármacos al público. Tras ella se encontraba una puerta que daba paso al despacho y a la rebotica, donde el farmacéutico fabricaba los medicamentos.

En la sala se muestra todo tipo de instrumental de época: morteros y balanzas, pildoreros, moldes para óvulos y supositorios y otros útiles para la confección de fórmulas magistrales y medicamentos. Con el avance de la ciencia el laboratorio ganó mayor importancia, apareciendo elementos como microscopios, areómetros, centrífugas, estufas...

En los anaqueles se muestra una increíble colección de productos farmacéuticos: píldoras, jarabes, elixires, pomadas..., entre ellos una valiosa colección de productos homeopáticos de mediados del siglo XIX. Aquí se muestra la evolución desde la fabricación más artesanal a la incipiente industria que entraría en conflicto con el boticario tradicional, que durante algunos años resistirá elaborando sus preparaciones para el público.

Al volver a subir las escaleras, en el pasillo de la derecha se conservan los anaqueles de dos farmacias tradicionales de Sevilla.

Los grandes estantes en caoba cubana, con parte de su botamen original, son los de la antigua farmacia Murillo, que fue fundada por Francisco Murillo Hernández en 1897 (ver página 210) y que se encontraba en la plaza del Salvador, y enfrente los anaqueles de la farmacia ubicada antiguamente en la calle Feria y fundada por Eloy Burgos Nevado en 1913.

LA TORRE DEL PABELLÓN DE CÓRDOBA

(27)

El último recuerdo del pabellón cordobés de la exposición de 1929

Avenida de Reina Mercedes, 4

Los miembros de la Universidad de Sevilla que deambulan por el campus de la avenida de Reina Mercedes, donde están la mayoría

de las facultades técnicas y de ciencias, se encuentran cotidianamente con una esbelta torre de 15 metros de altura. Pero pocas personas sabrán de dónde sale esta atalaya que se yergue vigilante en los jardines del campus, sin tener ninguna relación con los edificios que la circundan.

La torre es el único elemento que resta del pabellón de Córdoba de la Exposición Iberoamericana de Sevilla de 1929. En su cuerpo inferior tenía un espacio abovedado, del que se puede adivinar su forma al dar la vuelta a la construcción, que conectaba con el gran salón de recepciones basado en el bosque de columnas califales de la mezquita de Córdoba.

La torre que sirvió de modelo es la de la iglesia de San Nicolás de la Villa en Córdoba, la más antigua y quizás, la más bella de la ciudad califal, que comenzó a edificarse en la época de los Reyes Católicos, en el año 1494, y se terminó dos años más tarde. Construida sobre los restos del alminar de una mezquita islámica, posee dos cuerpos, el primero cuadrangular y el segundo octogonal, coronados por un pequeño remate para las campanas añadido en el siglo XVIII.

El pabellón fue diseñado por el arquitecto municipal cordobés Carlos Sáenz de Santamaría y fue inaugurado pocos meses antes de la finalización de la exposición.

Durante la exposición, el gran pintor cordobés Julio Romero de Torres expuso una amplia colección de sus cuadros, entre ellos la que sería su última y más conocida obra, *La chiquita piconera*. El 10 de mayo de 1930, al poco tiempo de inaugurarse el pabellón, falleció el artista, y su familia tomó la decisión de no vender los cuadros que había presentado, donándolos al Ayuntamiento de Córdoba y constituyendo así la base de lo que sería el Museo Julio Romero de Torres.

En la actualidad, y como recuerdo de toda esta historia, solo queda la torre, lo único que se salvó del pabellón cordobés.

EN LOS ALREDEDORES

El pabellón de Sevilla de la Exposición de 1929

Casino de la Exposición - Glorieta San Diego, s/n
casinodelaexposicion.org

El pabellón de Sevilla es el único de los pabellones provinciales de Andalucía que se mantiene en pie. Estaba formado por el Casino de la Exposición y el Teatro Lope de Vega, diseñados por Vicente Traver en estilo neobarroco.

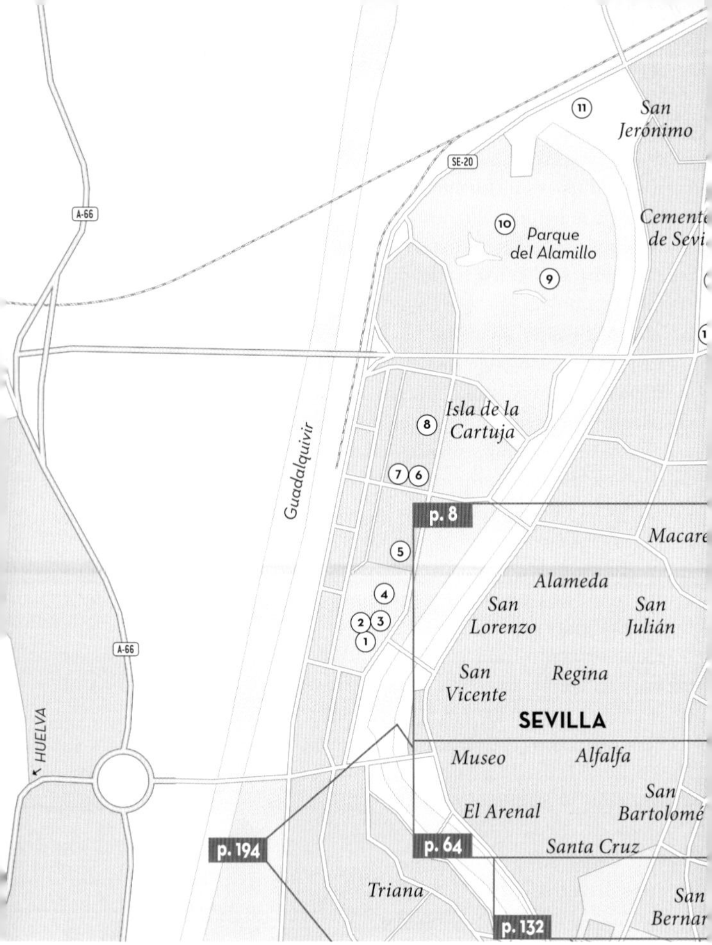

Isla de la Cartuja y San Jerónimo

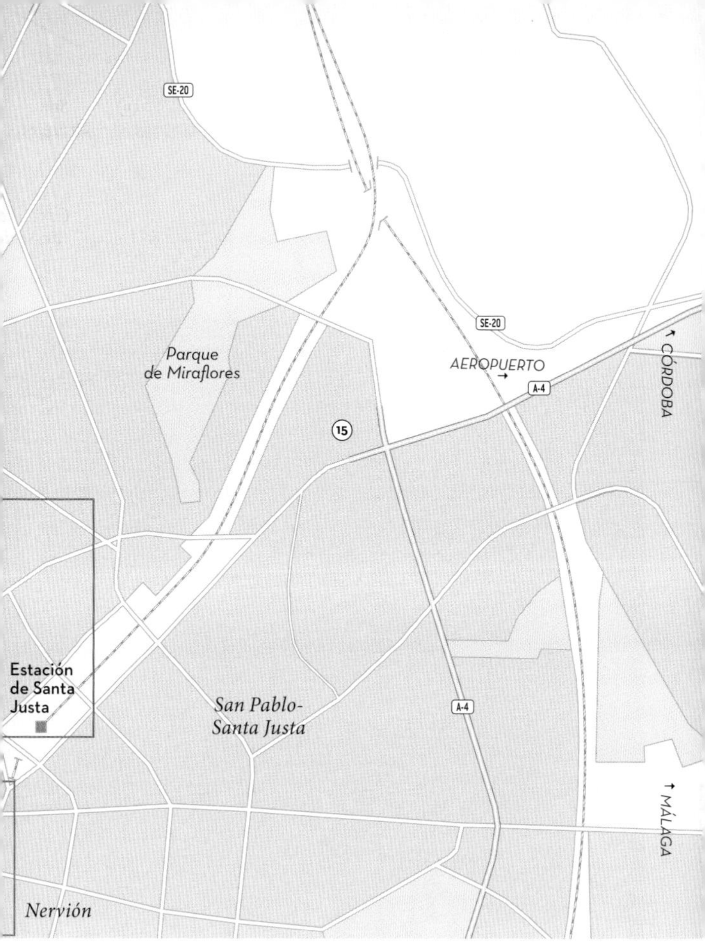
SE-20
SE-20
Parque de Miraflores
AEROPUERTO
A-4
CÓRDOBA
15
Estación de Santa Justa
San Pablo-Santa Justa
A-4
MÁLAGA
Nervión

EL OMBÚ DE LA CARTUJA

①

El primer árbol procedente de América que se plantó en Sevilla

Cartuja de Santa María de Las Cuevas
Avenida Américo Vespucio, 2

Frente a la fachada del monasterio de Santa María de las Cuevas, en la Isla de la Cartuja, se localiza un enorme y antiguo ombú que podría tener más de 400 años. Pero al no contar con anillos de crecimiento como los árboles es muy difícil determinar su edad. Posiblemente este ombú sea el primer arbol procedente de América que se plantó en Sevilla.

La leyenda señala que fue plantado tras su viaje americano por Hernando Colón, segundo hijo del almirante Cristóbal Colón, aunque tanto el padre como el hijo nunca estuvieron en lo que hoy es Argentina y Uruguay. En 1502, Hernando, con solo 13 años, acompañó a su padre en su cuarto y último viaje a América. En 1509, tres años más tarde de la muerte de su padre, viajó con su hermano Diego para su toma de posesión como gobernador de la isla La Española (las actuales República Dominicana y Haití). Antes de ese viaje, los dos hermanos enterraron a su padre en la capilla de Santa Ana de este monasterio, tras trasladar sus restos desde Valladolid.

Una estatua de Colón junto al ombú, donada en el siglo XIX por la viuda del marqués de Pickman (ver página 277), recuerda este hecho y sus diferentes estancias en este lugar.

El ombú, que también se denomina Bellasombra, es una voz guaraní que significa 'sombra', ya que esta era providencial en las pampas abiertas de Argentina y Uruguay de donde procede. Para algunos esta planta de nombre científico *Phytolacca dioica* es más bien una hierba que un árbol. Eso sí, una hierba gigante, con una madera leñosa ligera y muy carnosa que facilita el almacenamiento de gran cantidad de agua y con una savia tóxica que le hace inmune a los insectos.

Hernando Colón, un hombre del Renacimiento

Hernando Colón (1488-1539) representa la personalidad poliédrica de un hombre del Renacimiento. Su interés por la exploración y la cosmografía se completa con sus dos verdaderas pasiones: la bibliofilia y la botánica. A lo largo de su vida recorre Italia, Francia, Suiza, Bélgica, Alemania... para configurar una de las colecciones de libros, grabados y mapas más importantes de Europa. A su muerte la dona a la catedral de Sevilla, donde se encuentra enterrado, componiendo la actual Biblioteca Colombina (ver página 142). Y en su desaparecido palacio cerca de la puerta Real creó el primer jardín botánico de Sevilla y el más extenso de Europa, donde se aclimataron una gran cantidad de plantas traídas de América.

EL SEPULCRO DE DIEGO GÓMEZ DE RIBERA ②

Una herida mortal en la boca

Sala Capitular
Monasterio de la Cartuja
Centro Andaluz de Arte Contemporáneo
Avenida Américo Vespucio, 2
www.caac.es
Martes a sábado, de 11 a 21 h y domingo y festivos de 11 a 15:30 h

En la sala capitular del monasterio cartujo de Santa María de las Cuevas se encuentra una capilla funeraria de estilo gótico dedicada a la casa de Ribera. Entrando en la sala a la izquierda llama la atención el sepulcro de Diego Gómez de Ribera, II Adelantado Mayor de Andalucía, una especie de capitán general nombrado por el rey para las guerras de frontera contra el reino de Granada.

Por la postura que adopta, parece que el caballero ronca plácidamente, casi dándole la espalda a su mujer Beatriz Portocarrero, hija del señor de Moguer. Ataviado con armadura y casco, agarra su espada con la diestra. Su pierna izquierda se cruza sobre la derecha, protegiendo el arma, como si alguien intentara quitársela. Pero si se observa detenidamente, un rictus forzado en la boca muestra una herida que nos habla de una muerte violenta que el escultor ha querido dejar manifiesta.

De Diego Gómez de Ribera se sabe que fue hijo de Per Afán de Ribera «El Viejo», el primer Adelantado Mayor de Andalucía y de Aldonza de Ayala, su segunda mujer, pero se desconoce su fecha y lugar de nacimiento. De lo que sí se tiene certeza es de su muerte, en 1434, en el asalto a la fortaleza de Álora en Málaga. Tras haber ganado Iznájar en el reino de Granada y muchas otras fortalezas, y vencido muchas batallas contra los moros, cercó la villa de Álora y fue asaeteado en plena boca con una ballesta, al levantarse la babera para parlamentar. Esta es la herida que se ve en la tumba.

El *Romance de Álora*, una conocida pieza del viejo romancero fronterizo, cuenta con fuerza dramática y de forma casi periodística otra versión de la muerte de Gómez de Ribera. Así, mientras la población musulmana huía de la fortaleza, escuchó por encima del adarve unas voces que pedían tregua y daban el castillo como suyo. Al levantar el adelantado la visera para comprobar quién se rendía, un morisco escondido le tiró con una ballesta asestándole en la frente. En el romance aparecen dos personajes a los que ha criado desde pequeños, Pablo y Jacobillo, que lo rescatan herido de muerte y a los que dice de corrido su testamento.

LAS CHIMENEAS DE LA CARTUJA ③

Uno de los escasos y más hermosos ejemplos de patrimonio industrial de la ciudad

Centro Andaluz de Arte Contemporáneo
Cartuja de Santa María de Las Cuevas
Avenida Américo Vespucio, 2
www.caac.es
Martes a sábado, de 11 a 21 h y domingo y festivos de 11 a 15:30 h

En la parte trasera del antiguo monasterio de la Cartuja (siglo XV), hoy Centro Andaluz de Arte Contemporáneo, se esconden tres enormes hornos-botella para la fabricación de cerámica, en perfecto estado de conservación. Para verlos, hay que atravesar el patio donde está la cafetería del centro y rodear el edificio a la derecha, por las huertas y

naranjales. En el camino a esta zona se ubican además las poco conocidas chimeneas del secadero. Curiosamente la función y la ubicación de estas chimeneas y hornos son un enigma para muchos sevillanos pese a ser uno de los escasos y más hermosos ejemplos de patrimonio industrial de la ciudad: la antigua Fábrica de Cerámicas Pickman-La Cartuja. La gran chimenea de ladrillo bautizada como El Gran Capitán sí es un elemento más popular por sus casi treinta metros de altura y por su ubicación en el claustro del antiguo monasterio junto a otros dos hornos-botella. Son también muy interesantes los conocidos como Horno del Cuarzo y Horno de Oro que pasan desapercibidos en el patio del edificio del Instituto Andaluz de Patrimonio Histórico entrando por la puerta del Río, desde donde se adivina la chimenea del mismo nombre.

Hornos-botella

Los hornos-botella (su nombre se debe a la forma parecida a una botella) fueron toda una innovación de la industria cerámica inglesa en el siglo XIX. Están compuestos por dos cámaras: en la inferior se producía la combustión de carbón. El calor producido pasaba a la superior a través de unos agujeros para realizar la cocción de las piezas cerámicas y fijar el barniz.

La fábrica de Charles Pickman

La fábrica de cerámica de La Cartuja fue creada por el inglés Charles Pickman que compró el monasterio de Santa María de las Cuevas en 1839, adaptando todos sus espacios para la fabricación de loza y porcelana. Su producción de fama internacional abarcó una amplia gama de artículos: azulejos, ladrillos refractarios, sanitarios, pero, sobre todo, cerámica artística y loza doméstica. Las vajillas con sus dibujos de paisajes sevillanos eran el producto emblemático de La Cartuja y no han dejado de fabricarse nunca a lo largo de su historia. A finales del siglo XIX la fábrica llegó emplear a 1200 personas, siendo la más importante del país, hasta que en 1981 cesó aquí su actividad industrial, desplazándola al pueblo de Salteras donde sigue la produccion. El monasterio fue Pabellón Real de la Exposición Universal de 1992.

PABELLÓN DE PICKMAN

④

Los edificios secretos de la Huerta Grande de la Cartuja

Centro Andaluz de Arte Contemporáneo
Cartuja de Santa María de Las Cuevas
Avenida Américo Vespucio, 2
Acceso a la Huerta Grande a través del patio de la cafetería
Martes a sábado, de 11 a 21 h; domingo y festivos de 11 a 15:30 h

Uno de los espacios verdes más ocultos y desconocidos de la ciudad, la Huerta Grande de la Cartuja es una reliquia etnológica y paisajística que rodea el antiguo monasterio cartujo y a la que se accede por el patio conocido como del *Padre Nuestro*. Escondido entre frutales y cipreses, a la espalda del monasterio que en 1841 fue transformado en fábrica de cerámica (ver página 276), se encuentra un sorprendente edificio conocido como el pabellón de Pickman.

Edificado sobre una antigua capilla del siglo XVI dedicada a las patronas de Sevilla, las santas Justa y Rufina, fue un encargo del dueño de la fábrica Charles Pickman. El edificio diseñado por Juan Lizasoáin, en un estilo orientalista a la manera de los pabellones de recreo en los jardines británicos del siglo XIX, se abre por sus cuatro caras en la planta baja y posee una pequeña torre con mirador. El misterio exótico del espacio se acrecienta con la intervención permanente del artista Olaf Nicolai *Cortina de perlas negras* (Black Pearls Curtain), diseñada en 2004 para la I Bienal de Arte Contemporáneo de Sevilla.

Desde este lugar se ofrece una excelente panorámica de la enorme huerta con más de tres mil naranjos, limoneros y otros frutales plantados por los monjes cartujos. Desde su fundación en el siglo XV, la Cartuja fue creciendo hasta formar un pequeño poblado autosuficiente con varias hectáreas dedicadas al cultivo de huertas, frutales, plantas medicinales para su botica... con un complejo sistema de riego heredero de las explotaciones agrícolas andalusíes, todo rodeado de muros para su seguridad y la protección frente a las inundaciones.

EN LOS ALREDEDORES

Capilla de Santa Ana

Entre el sistema de antiguas huertas se localiza otro hermoso pabellón de recreo basado en la restauración con estilo neogótico de una antigua capilla dedicada a santa Ana en el siglo XVI. En ese oratorio, decorado con interesantes pinturas al fresco, se reunieron en varias ocasiones Teresa de Jesús y el padre prior del monasterio, su protector en Sevilla, dado que ella no podía acceder a la clausura de la Cartuja.

El edificio se encuentra elevado sobre una alberca de riego que distribuía el agua por las antiguas acequias y canales con compuertas y cuyo caudal era elevado del cercano río por un par de norias cuyos restos aún se conservan.

PABELLÓN DE MARRUECOS DE LA EXPO 92

⑤

Una oculta joya arquitectónica

Fundación Tres Culturas del Mediterráneo
Calle Max Planck, 2
www.tresculturas.org
Visitas guiadas, previa reserva, martes de 11 a 12 h

El pabellón que representó a Marruecos durante la Expo 92 es una joya oculta que conserva su imagen de suntuoso palacio arábigo en buen estado gracias a que es la sede de la Fundación Tres Culturas del Mediterráneo.

Diseñado por el arquitecto francés Michel Pinseau, responsable también de la mezquita Hassan II de Casablanca (la segunda más grande del mundo), sus fachadas recrean una gran variedad de estilos árabe-musulmanes tradicionales en celosías, fuentes, paños de azulejos...

Además, cuenta con un interior bellamente decorado con multitud de técnicas constructivas artesanales, para cuya ejecución se trajeron del país norteafricano más de 600 artesanos: maderas talladas y coloreadas, yeserías, murales cerámicos o el revestimiento de las paredes, que utiliza ingredientes tan curiosos como arena, jabón negro y huevo. Especialmente interesantes son su planta sótano (el oasis oculto del pabellón) y el patio central con sus balconadas de madera tallada y su espectacular cúpula móvil de artesonado policromado.

Estrella de ocho puntas

El pabellón presenta una planta de estrella de ocho puntas, símbolo que recorre todo el edificio en azulejos, fuentes, lámparas, puertas, pomos, celosías... Este símbolo, denominado como *Rub el Hizb* (La cuarta parte), es usado en el Corán para señalar el final de los capítulos y era considerado como una representación del paraíso que se creía rodeado de ocho montañas.

PABELLÓN DE HUNGRÍA DE LA EXPO 92

⑥

Siete torres que asemejan una iglesia rural húngara

Calle Marie Curie, s/n

Gracias a su declaración como Bien de Interés Cultural por su importante valor arquitectónico se evitó el derribo del espectacular pabellón de Hungría de la Exposición Universal de 1992, lo cual no ha

impedido el actual estado de abandono en el que se encuentra.

El edificio de madera y pizarra diseñado por el arquitecto Imre Makovecz, uno de los más importantes defensores de la denominada arquitectura orgánica, fue de los más valorados por el público durante la exposición, aunque hoy en día haya caído en el olvido.

Representa una iglesia rural húngara coronada por siete torres donde se instalaron campanas de bronce para recordar la victoria húngara sobre el Imperio otomano en la batalla de Belgrado de 1456.

Toda la cubierta está revestida de tejas grises asemejando el casco invertido de una nave y las entradas se rematan con grandes máscaras en madera rojiza.

EN LOS ALREDEDORES

Pabellón de Finlandia de la Expo 92 ⑦

Fundación para la Investigación y Difusión de la Arquitectura, Sevilla (FIDAS)
Calle Marie Curie, 3
Isla de la Cartuja
Lunes a viernes, de 8 a 15 h

Aunque el pabellón de Finlandia estaba diseñado como un edificio efímero se ha convertido, por su enorme calidad estética, en el primero de ese país en conservarse después de una exposición. Está formado por dos edificios opuestos y complementarios: *Kone* (máquina), construido en frío acero, simbolizando la industria y la tecnología y *Koli* (quilla), en madera, en referencia a la naturaleza y la tradición. Entre ambos se abre un estrecho espacio que representa la *Garganta del Infierno*, metáfora de la simbólica grieta del Parque Nacional de Helvetinjärvi.

Pabellón de México de la Expo 92 ⑧

Calle Tomás Alba Edison, 6

A pesar de su actual situación de abandono, el pabellón de México constituía uno de los edificios que contenía más elementos insólitos y significativos de la muestra de 1992.

Bajo las dos enormes X de 18 metros de altura, letra que representa el nombre del país y que retrotrae al pabellón de 1929 (ver página 256), se ubica una réplica exacta de una cabeza olmeca, de unos 3 metros. Delante del edificio, un gran mosaico colorido hace referencia al *Ojo de Dios*, un elemento ritual y mágico de los indios huicholes y tepehuanes, denominado también *Sikuli* que significa *«el poder de ver y entender las cosas desconocidas»*. Al lado del pabellón sorprende un cactus gigante: este sahuaro (*Carnegiea gigantea*) procede del desierto del Valle de los Gigantes de Mexicali en Nueva California, con 14 metros de altura, un peso de 18 toneladas y una edad estimada de 1500 años.

MONUMENTO AL MAESTRO DEL PARQUE DEL ALAMILLO

⑨

Una lección sobre la naturaleza

Parque del Alamillo
Calle Anular
www.parquedelalamillo.org
Noviembre a marzo, de 7 a 20 h
Abril, mayo y octubre, de 7 a 22 h
Junio y septiembre 7 a 24 h
Julio y agosto 7 a 2 h

Al norte del término municipal de Sevilla en la isla de la Cartuja, tras ingresar en el parque del Alamillo por la entrada principal y seguir por la calle Anular, a unos 300 metros a la izquierda en medio del prado, se encuentra una curiosa instalación escultórica levantada en homenaje a los docentes. El monumento en bronce representa una escena de una clase de los años 1930 con dos pupitres de época, en uno de los cuales está sentada una niña que atiende la lección de un profesor cercano a la jubilación.

Completa la escena una pizarra insinuada que deja traslucir toda la naturaleza que atesora este gran espacio verde.

Inaugurado en el año 2003, *El homenaje al maestro* fue realizado por el escultor zaragozano, aunque afincado en Sevilla, Ignacio Sancho Caparrini.

Ubicado entre los cauces antiguo y nuevo del río Guadalquivir, el parque del Alamillo procede de un área recuperada con motivo de la exposición universal de Sevilla de 1992. En la actualidad cuenta con unas 85 ha y está previsto que aumenten hasta 120 ha, lo que lo convertirá en uno de los parques urbanos más grandes de España. Lo más interesante de este popular espacio es su diseño con criterios paisajísticos y el uso de vegetación autóctona (encinas, pinos, alcornoques, acebuches...), que lo configura como un excelente ejemplo de bosque mediterráneo y un buen lugar para el avistamiento de aves.

EN LOS ALREDEDORES

Pequeño ferrocarril del Alamillo (10)

Junto a la Puerta Norte
Domingos entre 11 y 14 h

Instalado en 2002, el tren en miniatura del parque del Alamillo es gestionado por la Asociación Sevillana de Amigos del Ferrocarril. En un circuito de 250 metros de longitud y 150 metros de vías auxiliares circulan maquetas de trenes de diversos tipos donde los viajeros se desplazan sentados. Además cuenta con una pequeña estación principal y otra secundaria, un depósito de locomotoras, un taller con foso y una plaza giratoria, así como dos locomotoras principales, otras de uso auxiliar y varias series de vagones.

ESCULTURA DEL HUEVO DE COLÓN

11

La mayor escultura de bronce de España

Parque de San Jerónimo

En el parque de San Jerónimo, con un peso de 476 toneladas, 42 metros de altura y una base de 32 metros de diámetro, la escultura del Huevo de Colón es la escultura de mayor tamaño de España.

Representa a Cristóbal Colón mostrando entre sus manos una carta náutica donde navegan las tres carabelas del descubrimiento de América, todo enmarcado en una estructura ovoidal formada con velas y cabos de barcos.

Aunque el nombre real de la obra es *El nacimiento del nuevo hombre* se conoce popularmente como el Huevo de Colón, leyenda que seguramente inspiró a su autor, el artista georgiano Zurab Tsereteli.

El espacio verde que la acoge toma el nombre del vecino monasterio del siglo XVI y tiene su origen en los antiguos viveros que abastecieron la Expo 92. Aquí se recibían plantas de todos los lugares del planeta para su aclimatación, favorecida por su ubicación a orillas de la dársena del Guadalquivir, un antiguo meandro del río.

La estatua es el cuarto homenaje escultórico al navegante genovés despues de la estatua del monasterio de La Cartuja (1887), del sepulcro catedralicio (1899) y del monumento de los jardines de Murillo (1921).

Una réplica a escala donada por el escultor se puede admirar en los jardines del edificio de la Unesco en París.

Un regalo para la Expo de 1992, que no fue inaugurado hasta 1995

Regalo del Ayuntamiento de Moscú para la Exposición Universal de 1992, la escultura viajó desde San Petersburgo al puerto vasco de Santurce y de ahí en 37 vehículos especiales hasta Sevilla. La envergadura de las piezas dificultó su traslado y montaje por lo que no pudo ser levantada hasta 1995.

La leyenda del huevo de Colón

Según cuenta el explorador y viajero italiano Benzoni en su *Historia del Nuevo Mundo*, publicada en Venecia (1565), en uno de los homenajes que ofrecieron a Colón tras el regreso de su primer viaje, uno de los nobles que lo recibían le espetó que si no hubiera encontrado las Indias no faltarían personas que hubieran emprendido una aventura similar. Colón no respondió y solicitó que le trajeran un huevo. Lo colocó en la mesa, retando a los asistentes a que lo pusieran de pie como él haría. Todos lo intentaron sin éxito y cuando regresó al navegante, este lo golpeó sutilmente contra la mesa dejándolo de pie. Todos los asistentes quedaron confundidos y entendieron el mensaje: *Después de vista y hecha la hazaña, cualquiera sabe cómo hacerla.*

EL MOSAICO DE LA LEPROSERÍA DE SAN LÁZARO ⑫

La representación del santo mendigo leproso en un insólito panel cerámico

Avenida del Doctor Fedriani, 56

En la fachada lateral del hospital de San Lázaro, edificio situado en las cercanías del cementerio, se muestra sobre el dintel del antiguo pórtico de entrada un curioso mosaico cerámico con la imagen de San

Lázaro. El panel cerámico recuerda que este hospital ubicado en las afueras de la ciudad fue en origen una leprosería.

Posiblemente esta es la institución hospitalaria más antigua de España en funcionamiento desde su fundación en el siglo XVI, aunque algunos historiadores establecen su origen tres siglos antes, en tiempos de Alfonso X.

La representación del santo leproso mendigo, realizada hacia 1760 por un autor desconocido, recoge todos sus elementos tradicionales: las tablillas de madera con las que el enfermo avisaba de su presencia, la ropa descosida y a su alrededor perros lamiendo sus llagas.

Esta enfermedad causaba pavor en la sociedad antigua por lo que los que la sufrían eran considerados contagiosos y recluidos en los llamados lazaretos. No fue hasta el siglo XX que se encontró un tratamiento efectivo a esta dolencia de origen bacteriológico.

De la parábola bíblica a la santería cubana

En la Biblia aparecen dos Lázaros que, en el tiempo y gracias a la imaginación popular, han terminado por fusionarse: San Lázaro de Betania, el hermano de Marta y María Magdalena revivido por su amigo Jesucristo y el mendigo ulceroso Lázaro, mencionado en una parábola en el Evangelio de Lucas.

Esta advocación llega a dar nombre a principios del siglo XII a la Orden Militar y Hospitalaria de San Lázaro. La orden, muy activa en las primeras cruzadas en Tierra Santa, se dedicaba al cuidado de los enfermos de lepra, acogiendo además en sus filas a los caballeros de otras órdenes que contraían esta enfermedad.

En Cuba se encuentra un nuevo sincretismo con San Lázaro: el poderoso orisha africano *Babalú Ayé*. Su nombre yoruba significa 'padre de la Tierra' y constituye una divinidad traída del continente africano por los esclavos, que en Cuba se convierte en el orisha de la lepra, la viruela y las enfermedades venéreas y contagiosas. Según la tradición de la santería cubana *Babalú Ayé* era un personaje muy mujeriego que acabó por ello enfermo de lepra y cuyas llagas lamían los perros. Después de muerto consiguió ser revivido para transformarse en un ser misericordioso y dedicado a los enfermos.

EL *OUROBOROS* DEL PANTEÓN DE ISABEL PRIETO Y MIGUEL TENORIO ⑬

Una sepultura con símbolos enigmáticos

Cementerio de Sevilla
Avenida Doctor Fedriani, 33
Calle Fe, izquierda, 43
De 8 a 17:30 h, excepto del 1 de junio al 30 de septiembre, de 8 a 16 h

En la avenida principal del cementerio de Sevilla se halla la insólita tumba que Miguel Tenorio de Castilla encargó en 1861 para su mujer Isabel Prieto Tirado, fallecida en 1856 con solo 29 años en la epidemia de cólera que asoló la ciudad. Un sencillo panteón compuesto de una urna de piedra labrada situada sobre un pedestal que incluye toda una serie de enigmática simbología.

El elemento más interesante es un relieve incluido en el pedestal: una serpiente devorándose a sí misma adoptando la forma de un círculo denominada *ouroboros* (también *uróboros*), una palabra griega que literalmente significa 'que se come la cola'. Este símbolo, que fue adoptado por la antigua alquimia y los místicos gnósticos, podía incluir una serpiente o un dragón, representando la eternidad, donde no hay principio ni fin, el cero y el absoluto, el todo y la nada y la naturaleza cíclica de la vida y la muerte.

La serpiente rodea un relieve con una Clepsidra, un reloj de arena alado que refiere el paso del tiempo y la posibilidad del regreso al origen. Los compartimentos del reloj simbolizan el cielo y la tierra, que en función de la voluntad del hombre pueden estar tanto en la parte superior como en la inferior.

La urna está soportada sobre unas garras de león, símbolo egipcio usado para mostrar las virtudes que debe poseer el hombre: coraje y nobleza. En la cara frontal se muestra en relieve un ramo de adormideras, capullos de amapola que se han usado desde antiguo como símbolo místico remitiendo al alma humana y al florecimiento de la consciencia y simbolizando también el sueño eterno.

Miguel Tenorio de Castilla fue un licenciado en leyes y político conservador que nació en 1818 en Almonaster la Real (Huelva) y que entre los años 1859 y 1864 llegó a ser secretario particular y consejero real de Isabel II. Historiadores y cronistas de la época lo señalaban como su «favorito», atribuyéndole la paternidad de las infantas Pilar, Paz y Eulalia de Borbón. De hecho en el año 1880 retirado de la vida política y con escasos recursos económicos se trasladó al palacio de Nymphemburg en Munich (Alemania) acogido por Paz de Borbón y Luis Fernando de Baviera hasta su muerte a finales de 1916, localidad donde sigue enterrado desde hace más de 100 años.

Para mas información sobre el simbolismo del ouroboros, ver página siguiente.

El ouroboros: un símbolo de iluminación divina

En la iconología y en la literatura se encuentra a veces la figura de una serpiente en forma de círculo que se muerde la cola.

Este símbolo se llama tradicionalmente ouroboros, palabra adoptada del griego pero procedente del copto y del hebreo, dado que *ouro* significa 'rey' en copto y *ob* quiere decir 'serpiente' en hebreo, para dar el sentido de «serpiente real». El reptil que levanta su cabeza por encima de su cuerpo sirve así de símbolo a la iluminación mística: en el marco del hinduismo, representa el fuego sagrado al que llaman *kundalini*.

Ese calor corporal que subía del coxis al cráneo con el *venena bibas* ('veneno absorbido', del que habla san Benito de Nursia) de la serpiente cuya mordedura no se cura con su mismo veneno. De igual forma que las escuelas budistas del despertar espiritual del Dzogchen y del Mahamudra revelan que el que medita debe aprender a «morderse la cola como la serpiente», el tema del ouroboros y del veneno absorbido recuerda que la realización espiritual solo se obtiene buscando un estado mental por encima de las formas habituales, en el que uno busca mirar dentro de sí para conocerse verdaderamente.

Los griegos popularizaron el término ouroboros en su sentido literal: *'que se come la cola'*. Adoptaron esta representación de los fenicios y los hebreos quienes a su vez lo habían tomado de Egipto, donde el ouroboros ya está presente en una estela que data de 1600 años a.C. Representa al dios Ra (de la luz) que resucita de las tinieblas de la noche, sinónimo de la muerte, lo que remite al tema del eterno retorno, de la vida, de la muerte y del nuevo inicio de la existencia, así como a la reencarnación de las almas en cuerpos humanos sucesivos, hasta que alcanzan su máxima evolución que les habrá hecho perfectas, corporalmente y espiritualmente, un tema importante para los pueblos de Oriente Medio y de Oriente.

Es así como la serpiente que se traga a sí misma también puede ser interpretada como una interrupción del ciclo del desarrollo humano (representado por la serpiente) para entrar en el ciclo de la evolución espiritual (representada por el círculo).

Pitágoras le dio el sentido matemático del infinito, porque la serpiente así dispuesta forma un cero, número abstracto que se usa para designar la eternidad que se concretiza cuando el ouroboros está representado girando sobre sí mismo.

Los cristianos gnósticos lo identificaban con el Espíritu Santo, revelado por su sabiduría como el Creador de todas las cosas visibles e invisibles y cuya máxima expresión sobre la tierra es Cristo. Es por ello que este símbolo se asocia en la literatura gnóstica griega con la frase *«Hen to pan»*, a saber, «todo es uno» y que fue adoptado popularmente, desde los siglos IV y V, como amuleto protector contra los malos espíritus y las mordeduras venenosas de serpiente. A este amuleto se le llamó Abraxas, del nombre de un dios del panteón gnóstico primitivo que los egipcios identificaban como Serapis, y se convirtió en uno de los mas famosos talismanes de la Edad Media.

La alquimia griega adoptó muy pronto la figura del ouroboros que llegó hasta los filósofos herméticos de Alejandría con los que pensadores árabes aprendieron y difundieron esta imagen en sus escuelas de hermetismo y de alquimia. Estas escuelas se hicieron famosas y los cristianos acudieron a ellas en la Edad Media. Hay incluso pruebas históricas de que los miembros de la orden de los templarios, así como otros místicos cristianos, viajaron a El Cairo, a Siria e incluso a Jerusalén para iniciarse en las ciencias herméticas.

CRISTO DE LAS MIELES

⑭

¿Milagro o colmena de las abejas del cementerio?

Cementerio de Sevilla
Rotonda central
Todos los días, de 8 a 17:30 h
Del 1 de junio al 30 de septiembre, de 8 a 16 h

En la rotonda central del cementerio se divisa un Cristo crucificado sobre un promontorio pétreo orlado de rosales. Realizado por el escultor sevillano Antonio Susillo a finales del siglo XIX, sería conocido años más tarde con el sugerente nombre del Cristo de las Mieles. Este insólito nombre se debe a que en el año 1940 la faz del Cristo de bronce comenzó a exudar miel poco después del traslado de los restos de su escultor a un panteón bajo el crucificado. El dulce manjar brotaba por la boca y los ojos derramándose por el pecho de la imagen.

El revuelo en la ciudad fue enorme y todo el mundo quería ver el «milagro» con sus propios ojos. Hasta la Iglesia tuvo que intervenir y según se dijo el mismo Vaticano envió a unos emisarios para aclarar la cuestión.

Antonio Susillo fue un artista popular y admirado, autor de obras emblemáticas que jalonan las plazas de la ciudad como las estatuas de Daoiz (plaza de la Gavidia), Velázquez (plaza del Duque) y Miguel Mañara (jardines de la Caridad) o la galería de sevillanos ilustres del palacio de San Telmo (ver página 234).

Con el tiempo, el artista sufrió una fuerte depresión, causada al parecer por problemas personales, económicos y profesionales, que le llevó al suicidio con solo 41 años. El 22 de diciembre de 1896 su cadáver fue encontrado entre las vías del tren en la zona de la Barqueta con un tiro a la altura de la barbilla.

Pronto se extendieron habladurías sin sentido acerca de que el escultor se había quitado la vida arrepentido de haber esculpido su crucificado con los pies colocados de manera contraria al canon. Es decir con el pie izquierdo clavado en el madero vertical y el derecho colocado sobre un pequeño soporte horizontal.

Lo cierto es que al escultor suicida se le negó sepultura en el camposanto y solo con la presión de influyentes conocidos se consiguió que fuera enterrado en una discreta tumba. Por mucho que se reivindicó darle una sepultura más relevante, tuvieron que pasar 44 años para que sus restos fueran llevados en abril de 1940 bajo su famoso Cristo.

En cuanto a la «milagrosa» miel, la explicación es mucho más prosaica. Susillo, debido al gran tamaño de la escultura de bronce, la había fabricado hueca, dejando aberturas tanto en los ojos como en la boca. Y qué mejor lugar que este para que las abejas del cementerio instalaran sus colmenas durante la florida primavera sevillana.

MUSEO MÚSICA AFRICANA

(15)

Una de las mejores colecciones de instrumentos musicales africanos que existe en el mundo

Calle Automoción, 16
Visitas previa cita telefónica: 622689030
hola@promocionafricana.com
www.promocionafricana.com/proyecto/te-suena-africa

Entre talleres de automóviles y almacenes de materiales de construcción, en un sitio tan inverosímil como un polígono industrial, se localiza la nave donde se muestra una de las mejores colecciones de instrumentos musicales africanos que existe en la actualidad. Es tan relevante que hasta el mismo Metropolitan Museum de Nueva York estuvo interesado en adquirirla por su cuidada selección.

Ubicada en la sede del Centro de Cultura Africana gestionado por la asociación cultural El Gulmu, la colección de más de 500 instrumentos surge del empeño personal desde hace más de 30 años del farmacéutico y cooperante gaditano Javier Ballesteros.

Sorprende la diversidad de elementos expuestos, asociados a cantos de trabajo y también a momentos rituales o festivos y algunos con más de un siglo: tambores de piel de serpiente, arpas Kora cuya caja de resonancia son enormes calabazas, sonajas rituales con piedras, huesos y conchas en tobilleras y cinturones, instrumentos de cuerda con caparazones de tortuga, flautas de cuerno...

Llama la atención, entre otros, el enorme tambor parlante originario de Camerún fabricado con un tronco vaciado de casi dos metros que sirve para comunicarse entre comunidades vecinas, anunciando nacimientos, bodas, funerales...

En la visita guiada a la exposición de la mano de un experto músico multiinstrumentista se recorren los diferentes espacios donde los instrumentos se organizan en cuatro grupos: cordófonos (de cuerda), aerófonos (de viento), idiófonos (en los que el sonido se produce por el mismo material del instrumento) y membranófonos (de percusión con parches de piel). Dentro de cada categoría se distribuyen por país de origen, etnia, etc.

Asimismo, se puede asistir a una demostración de sonido de algunos instrumentos, donde se relatan leyendas y curiosidades, se muestra la conexión con los instrumentos modernos e incluso se puede organizar un taller introductorio de percusión africana.

Como complemento, el centro guarda un importante repertorio de grabaciones discográficas africanas así como una curiosa colección de marionetas y juguetes de todo el continente.

Fue en septiembre de 1995, en Peshawar, Paquistán, a 20 kilómetros de las zonas tribales que visitaría días más tarde, cuando a Thomas se le ocurrió poner sobre el papel los rincones secretos que conocía en París. Durante aquel viaje de siete meses desde Pequín hasta París, atravicsa, entre otros países, el Tíbet (en el que entra clandestinamente, escondido bajo unas mantas en un autobús nocturno), Irán, Irak y Kurdistán, pero sin subirse nunca a un avión: en barco, en autostop, en bici, a caballo, a pie, en tren o en bus, llega a París justo a tiempo para celebrar la Navidad en familia.

De regreso a su ciudad natal, pasa dos fantásticos años paseando por casi todas las calles de París para escribir, con un amigo, su primera guía sobre los secretos de la capital. Después, trabaja durante siete años en la industria siderúrgica hasta que su pasión por el descubrimiento vuelve a despertar. En 2005 funda su editorial y en 2006 se marcha a vivir a Venecia. En 2013 viaja, en busca de nuevas aventuras, con su mujer y sus tres hijos durante seis meses de Venecia a Brasil haciendo paradas en Corea del Norte, Micronesia, Islas Salomón, Isla de Pascua, Perú y Bolivia.

Después de siete años en Rio de Janeiro, vive ahora en Berlin con su mujer y sus tres hijos.

La editorial Jonglez publica libros en nueve idiomas y en 30 países.

TAMBIÉN DISPONIBLES

LIBROS DE FOTOGRAFÍA

Abandoned America - The Age of Consequences (en inglés)
Abandoned Asylums (en inglés)
Abandoned Australia (en inglés)
Abandoned cinemas of the world (en inglés)
Abandoned France (en inglés)
Abandoned Italy (en inglés)
Abandoned Japan (en inglés)
After the Final Curtain - The Fall of the American Movie Theater (en inglés)
After the Final Curtain - America's Abandoned Theaters (en inglés)
Chernobyl's Atomic Legacy (en inglés)
Forbidden Places - Exploring our Abandoned Heritage Vol. 1
Forbidden Places - Exploring our Abandoned Heritage Vol. 2
Forbidden Places - Exploring our Abandoned Heritage Vol. 3
Forgotten Heritage
Hoteles insólitos
Hoteles insólitos España y Portugal
Lugares abandonados - Descubrimientos insólitos de un patrimonio olvidado
Vinos insólitos

GUÍAS INSÓLITAS Y SECRETAS

Ámsterdam insólita y secreta
Barcelona insólita y secreta
Berlín insólito y secreto
Bruselas insólita y secreta
Buenos Aires insólita y secreta
Ciudad de México insólita y secreta
Costal Azul insólita y secreta
Estambul insólita y secreta
Florencia insólita y secreta
Granada insólita y secreta
Lisboa insólita y secreta
Londres insólita y secreta
Los Angeles insólita y secreta
Madrid insólita y secreta
Milán insólita y secreta
Nueva York insólita y secreta
París insólita y secreta
Praga insólita y secreta
Río insólita y secreta
Roma insólita y secreta
Santiago insólito y secreto
Tokio insólita y secreta
Venecia insólita y secreta
Viena insólita y secreta

GUÍAS «SOUL OF»

Soul of Barcelona - Guía de las 30 mejores experiencias
Soul of Lisbon - Guía de las 30 mejores experiencias
Soul of Los Angeles - Guía de las 30 mejores experiencias
Soul of Nueva York - Guía de las 30 mejores experiencias
Soul of Roma - Guía de las 30 mejores experiencias
Soul of Tokyo - Guía de las 30 mejores experiencias
Soul of Venecia - Guía de las 30 mejores experiencias

AGRADECIMIENTOS

El autor quiere agradecer a todas las personas e instituciones que han facilitado la tarea de intentar revelar los secretos que ofrece la ciudad de Sevilla. Sin ellos este encuentro con lo inesperado y lo insólito en la capital del Guadalquivir no hubiera sido posible.

Especialmente quiero dar las gracias a Angeles Hidalgo, Guía turística oficial de Sevilla, por su íntimo conocimiento de la Catedral y los Reales Alcázares; a Daniel Jiménez Maqueda, Arqueólogo e Historiador, por abrirme las puertas de Isbiliya, la Sevilla musulmana; a Nuria Casquete de Prado, Directora Gerente de la Institución Colombina; a José Almoguera, Guía y Licenciado en Historia y conocedor de la judería medieval hispalense; a Javier Peso, venerable maestro de la Logia *Obreros de Hiram* de Sevilla (Gran Logia Simbólica Española); a Antonio Ramos, Profesor de Historia de la Farmacia y responsable del Museo de Historia de la Farmacia, al Coronel Alberto González Revuelta, Director del Museo Militar de Sevilla y a los responsables y guías de la Autoridad Portuaria de Sevilla.

Este agradecimiento lo hago extensivo a Martín Carlos Palomo, Secretario de la Asociación Amigos de la Cerámica Niculoso Pisano; Juan Antonio Pérez Tarascó, Hermano Mayor de la Hermandad de San Hermenegildo; Catalina González Melero del Centro de Documentación de las Artes Escénicas de Andalucía; Erika Lopez Palma, Casa de la Ciencia, Pabellón del Perú (Centro Superior de Investigaciones Científicas); Ángela Barrios Padura, Profesora Titular de la Escuela Técnica Superior de Arquitectura, Universidad de Sevilla.; Álvaro Cabezas García, Profesor de Historia del Arte de la Universidad de Córdoba; Ricardo Alario López, Profesor de de la Escuela Técnica Superior de Arquitectura, Universidad de Sevilla; Fernando Rodalva, Director de Casala teatro; Amparo Graciani, Catedrática de la Escuela Técnica Superior de Arquitectura, Universidad de Sevilla; Óscar Gil Delgado, Profesor en la Escuela Técnica Superior de Arquitectura, Universidad de Sevilla; Javier Ballesteros, Director del Museo de Música Africana y Luis Aguilar, propietario de la Carbonería Parras

Y muy especialmente a los fotógrafos Juan Jesús González, Anna Elías y Carmen Mateos por compartir su especial mirada de algunos rincones de Sevilla. Asimismo el autor quiere dar las gracias a Thomas Jonglez por todos sus comentarios y su fino trabajo editorial.

El encanto íntimo de Sevilla está en lo que nos comunica de su pasado
Rubén Darío, poeta y diplomático nicaragüense (1867-1916)

CRÉDITOS FOTOGRÁFICOS

Todas las fotografías originales han sido realizadas por **Ricardo de Castro** excepto:
Juan Jesús González: Central eléctrica modernista, Laboratorio municipal de higiene, Sombrerería Maquedano, La Lápida de la Casa de Luis Cernuda, El tostadero de Café Saimaza, Cabeza del Rey Don Pedro, Pila del Pato, Estelas romanas en la Giralda, La columna de Arias Correa, Vítores de la Catedral, Patio almohade de la Casa de la Contratación, El último lienzo del muro de la Judería, La primitiva puerta del Alcázar, Panel cerámico de los vapores del Guadalquivir, Centro Cerámica Triana, El sepulcro de Diego Gómez de Ribera, Capilla de Santa María de Jesús, El relieve del indígena que fuma en pipa y Las columnas de la verja de los jardines del Pabellón de Chile
Anna Elías: Pabellón de Marruecos de la Exposición de 1992
Institución Colombina: Biblioteca Colombina
Martín Carlos Palomo (Asociación Niculoso Pisano): Laude sepulcral de Iñigo López
Álvaro Cabezas García: El suplicio de Diego Duro
Carmen Mateos: Pabellón de Hungría de la Expo 92
Macu Anelo: Biografía del autor

El plano de la Judería de Sevilla (página 179) está realizado sobre la base del publicado por Gil, O. (2013) Una sinagoga desvelada en Sevilla: estudio arquitectónico. Sefarad, vol. 73:1

Cartografía: Cyrille Suss - **Diseño:** Emmanuelle Willard Toulemonde - **Corrección de estilo:** Milka Kiatipoff, Anahí Fernández - **Edición:** Clémence Mathé

Depósito legal: Abril 2020 - Edición : 01
ISBN : 978-2-36195-366-9
Impreso en Bulgaria por Dedrax